COLLECTION
D'ANTIQUITÉS

Recueillies

PAR C. L. F. PANCKOUCKE
OFFICIER DE LA LÉGION D'HONNEUR

COLLECTION

D'ANTIQUITÉS

ÉGYPTIENNES, GRECQUES ET ROMAINES

d'objets d'art

du xve siècle

QUATRE CENTS VASES ET COUPES GRECS

OFFRANT PAR LEURS SUJETS LA SÉRIE DES TRAVAUX D'HERCULE
ET DES MONUMENTS HOMÉRIQUES

Manuscrits et Éditions princeps

BIBLIOGRAPHIE DE PLUS DE MILLE ÉDITIONS DE TACITE

TABLEAUX ET GRAVURES DES DIVERSES ÉCOLES

Vitraux

MEUBLES ET DÉTAILS DE LA VIE CIVILE ET MILITAIRE DES CHINOIS

RÉUNIS

ET CLASSÉS PAR ORDRE DE TEMPS ET DE LIEUX

avec les décors intérieurs particuliers à chaque pays

PAR

C. L. F. PANCKOUCKE

OFFICIER DE LA LÉGION D'HONNEUR

PARIS

IMPRIMERIE PANCKOUCKE

RUE DES POITEVINS, 14

—

1841

A mon Petit-Fils

Arthur Panckoucke

Mon cher Enfant,

'EST à toi, c'est à ton instruction que j'ai voulu consacrer les petits musées où j'ai réuni depuis trente ans une foule d'objets qui devront bientôt t'intéresser vivement.

Je les ai recueillis dans mes voyages avec ton père, que je consultais souvent, et qui lui-même a puisé dans cette collection une instruction aussi variée que positive.

J'ai remarqué souvent que les amateurs d'objets d'art et d'antiquités forment des collections dont le pêle-mêle déplaît à l'esprit, qui est toujours charmé par l'ordre et la clarté.

J'ai donc voulu classer par siècles et par pays les objets que j'avais rassemblés, et j'ai vu avec plaisir cet ordre devenir une source d'instruction pour moi et même pour mes amis.

Le premier projet de ces collections m'a été suggéré par la publication que j'ai faite du grand ouvrage sur l'Égypte : pendant plus de dix années, il a été sous mes yeux, et j'ai examiné durant tout ce temps les mille gravures si magnifiques qui rappellent les plus grands souvenirs!

Pour accroître les connaissances que je voulais acquérir à ce sujet, j'ai recueilli en divers lieux et j'ai fait venir d'Égypte même les objets qui forment aujourd'hui une collection qui a guidé mes études sur cette contrée.

Ce plan arrêté, j'ai voulu l'étendre à mes quatre grandes entreprises, et leur consacrer à chacune une salle particulière.

Ainsi, tu verras au plafond de mon cabinet un grand tableau peint par M. Raverat ; il te rappellera le Dictionnaire des Sciences médicales, les Victoires et Conquêtes des Français, la Description de l'Égypte et la Bibliothèque Latine-Française. Ces vastes publications m'ont mérité la décoration de chevalier de la Légion d'honneur ; ce sont là mes titres de noblesse, avec ma traduction des œuvres complètes de Tacite que l'Université a adoptée : tels sont les exemples que je te laisse.

Ces entreprises ont été utiles au pays, au commerce, à plusieurs genres d'industrie [1] ; elles ont, m'a-t-on répété souvent, secondé, favorisé les progrès des sciences et des lettres. C'était là une honorable tâche. Mon grand-père, à Lille, avait déjà publié de bons ouvrages dont il était lui-même l'auteur. Mon père, traducteur de l'Arioste et du Tasse a été de plus éditeur du *Moniteur* et de l'*Encyclopédie*, ce colosse typographique qui renferme six mille planches, et présente une admirable galerie où sont classées méthodiquement les connaissances acquises par les hommes depuis les temps les plus reculés jusqu'à nos jours.

Ainsi, mon cher Enfant, pour conclure sur ce sujet, après le plafond qui rappelle mes entreprises, tu verras dans la Galerie des fleurs une bibliothèque consacrée à Esculape : elle renferme mon grand Dictionnaire des Sciences médicales, auquel ont coopéré les cent vingt médecins les plus illustres de l'époque, et une Flore médicale dont ma femme a peint une partie des fleurs.

Tu trouveras dans la salle qui suit, sous la tente, la bibliothèque qui contient les Victoires et Conquêtes des Français que j'ai publiées lors de l'invasion des alliés conjurés pour détruire nos couronnes triomphales. Plus loin, j'appelle ton attention sur la salle Égyptienne, qui renferme tant d'objets dignes de la fixer ; et enfin tu visiteras la salle de Pompéi, où j'ai réuni quelques souvenirs de Rome antique, et placé la colonne d'albâtre, qui rappelle ma quatrième entreprise, avec les noms des quarante et un auteurs latins et ceux de tous les traducteurs qui ont coopéré avec tant de zèle à élever ce monument universitaire qui ne périra pas. Ton grand-père et ton père y sont inscrits honorablement.

Les localités me laissant plusieurs autres pièces, j'ai voulu les consacrer à d'autres souvenirs.

1. Ces entreprises ont produit 2 millions 500 mille volumes et ont fait vivre, pendant trente années, plus de 500 personnes chaque jour. (Voir le *Budget d'un éditeur.*)

Pendant trente années, j'ai recueilli moi-même, et presque jour par jour, cette foule d'objets curieux qui, par leur classification, offrent aujourd'hui un ensemble où l'on peut apprendre facilement l'histoire de la civilisation, celle des sciences et des arts non-seulement à leur naissance, mais même à diverses époques, depuis les temps les plus éloignés.

J'ai souvent regretté que le gouvernement, qui possède tant de richesses en ce genre, ne les ait pas encore classées méthodiquement, et de manière à instruire nos jeunes lycéens, qui en auraient fait chaque semaine une excursion, tantôt chez les peuples sauvages, tantôt en Égypte, puis même en Chine, et qui auraient passé des temps des Pharaons à ceux des Césars, et du moyen âge au temps de la renaissance.

J'ai entretenu plusieurs ministres de ce plan; ils l'ont approuvé : mais il leur eût fallu plus de temps que ne leur en laisse un passage rapide dans leurs hautes fonctions.

C'est donc avec moi, mon cher Enfant, que tu vas faire ces faciles excursions. Suivons la marche que je vais t'indiquer, pour ne pas t'égarer dans de petites pièces que je n'ai pu disposer dans l'ordre où je t'invite à les parcourir et à les étudier. Je dis étudier, parce que, pendant trente ans, ces objets ont été pour moi un sujet de réflexions, qui a eu mille charmes, qui m'a fait mieux voir, mieux comprendre une foule d'ouvrages ou de récits, que ces études, si pleines d'intérêt, peuvent seules bien expliquer.

Il faut donc que tu suives et étudies ces objets par ordre de temps et de lieux.

Par ordre de temps : je t'en tracerai la marche très-aisée;

Par ordre de lieux : ils sont naturellement classés avec méthode et sans confusion.

Pour bien connaître l'humanité et son histoire, on doit étudier l'homme dans l'état sauvage, à son début dans la civilisation. Aucun habitant des diverses régions du globe n'a pu naître civilisé; la civilisation se forme par progrès lents et presque insensibles. L'homme est né pour se perfectionner : la nature l'a créé sans vêtements, sans armes; elle lui a donné le génie de l'invention, avec lequel il peut tout découvrir et tout adapter à ses usages, à ses besoins et à ses plaisirs.

L'objet sur lequel j'appelle d'abord ton attention, est une hache grossière : un éclat de pierre dure, façonné par le hasard ou poli par les vagues qui l'ont roulé à travers les galets; un morceau de bois péniblement coupé et fendu par la pierre dure qui y est insérée; une corde formée de coton, lien presque préparé que donne l'arbre même, et déjà voilà l'homme maître de la nature : avec sa hache il abat, il équarrit le bois ; il l'aiguise, il a une arme ; il le creuse, il a un canot ; il le diminue, il a un arc : les animaux sont poursuivis et tués, leur peau sert de vêtement à son corps, d'oreiller à sa tête, de couverture à son toit.

Bientôt il se jouera sur un canot des monstres des mers et les attaquera de front ; leur chair le nourrira, leur huile l'éclairera.

Avec un autre caillou il forme, au moyen d'un morceau de bois, une houe commode ; il ouvre le sein de la terre, y sème le grain, et le voilà sous peu, même dans l'état sauvage, enrichi des produits de la terre et de la mer, de la chasse et de la pêche.

Tu admireras dans cette salle les travaux et la patience des sauvages, qui déjà savent, avec les moyens les plus simples, former, sculpter, graver des casse-têtes variés, des arcs, des flèches, des masques de combat, des boîtes dessinées avec goût, ornées d'anses et de supports que seraient satisfaits de ciseler les plus habiles décorateurs de nos vaisselles d'argent. Regarde aussi ces ornements de tête formés des plumes brillantes des perroquets ; ces instruments de musique, ces calumets, symboles de la paix, et enfin les objets de leur culte.

Maintenant, mon ami, tu pourras lire des voyages dans cette petite salle que j'ai nommée *cabane d'Atala*, parce qu'elle contient la plupart des objets si éloquemment décrits par le plus illustre de nos écrivains, M. de Chateaubriand.

Tu pourras, en lisant les voyages de Magellan, d'Anson, de Bougainville, de Vancouver et de ces hardis explorateurs, qui ont fait connaître cette cinquième partie du monde, toucher et manier ces armes redoutables qui ont coûté la vie au célèbre navigateur Cook, qui périt en 1779 à l'île d'Haouaïhi.

Cette salle contient, en outre, des oiseaux des parties encore sauvages de l'Asie, de l'Afrique et de l'Amérique. Je n'appelle plus ton attention que sur les vêtements de peaux et les chemises des habitants du Kamtschatka, et sur les lunettes de bois qu'ils fabriquent pour garantir leurs yeux de la réverbération d'une neige toujours étincelante sous les rayons d'un soleil qui dure six mois. Le Catalogue te dira le reste.

C'est de l'Inde que sont venues, dit-on, toutes les sciences ; elles ont été de là transportées en Égypte, puis en Grèce, puis en Italie, et enfin dans la Gaule et dans tout le nord de l'Europe. Il n'existe plus aucun souvenir des peuples antiques de l'Inde, que par d'immenses monuments, la plupart taillés dans le centre même des carrières, et offrant de vastes intérieurs de temples, des rochers sculptés, des divinités colossales. Ces temples sont encore debout, et les populations qui les ont élevés ont disparu par des guerres, sur lesquelles il n'existe presqu'aucune notion positive; des livres et des langages sacrés se sont cependant conservés, et, ce qui est très-remarquable, c'est que le sanskrit, langue sacrée des brahmes, semble être la source des langues primitives de l'Europe.

Je n'ai qu'un seul manuscrit indien; il est en langue varugue, et contient une traduction des Épîtres de saint Jean. Il t'indique comment des peuples privés d'encre, de plumes et de papier, ont pu transmettre des souvenirs et des faits sur de simples feuilles de dattier avec une netteté et une précision presque typographiques.

Ce manuscrit est placé dans la salle Égyptienne qui m'offrit tant d'attraits pendant le temps que j'employai à publier la Description de l'Égypte.

Tous ces objets et cet admirable ouvrage seront un jour bien dignes de tes méditations.

Le peuple égyptien fut très-grand ; il connaissait les sciences et les arts. Si tu considères ces hypogées, tombeaux de ses rois et de très-nombreuses populations, ces pyramides éternelles que j'ai peintes, et en même temps cette main de grand prêtre avec ses doigtiers d'argent si bien dorés et ce fragment de lin si bien tissu, tu seras convaincu qu'aucun peuple n'a pu rivaliser avec lui ni dans les constructions monumentales, ni dans l'application des métaux, ni dans les découvertes des machines les plus délicates.

De là passe avec moi dans la salle de Pompéi. Cette ville fut engloutie, en l'année 79 de J.-C., sous une éruption de cendres du Vésuve ; Pline y périt. La ville disparut. Les guerres, les invasions survinrent, Pompéi fut oubliée, aucun auteur n'en parla. Il y a quatre-vingts ans à peu près, un vigneron, creusant la terre, trouva des marbres, des autels, des statues, des peintures à fresque, un théâtre. Depuis lors les fouilles ont continué. Le musée de Naples possède 72,000 objets sortis de ces fouilles et de celles d'Herculanum, qui fut couverte par la lave brûlante du Vésuve.

J'ai vu avec ton père cette ville antique, si bien conservée qu'elle semble bâtie d'hier ; la marque des roues des chars est encore empreinte sur les pavés, celle des vases sur les comptoirs de marbre des marchands ; chaque maison est ornée de nombreuses peintures encore fraîches et brillantes. Vous êtes chez les anciens, avec leurs habitudes, avec leurs dieux ; vous parcourez les rues, vous entrez au forum, au grand ou au petit théâtre : c'est le même ciel, ce sont les mêmes montagnes, les mêmes bords ; il ne manque que la présence de Tacite ou de Cicéron, et vous retourneriez à dix-huit siècles en arrière de nos temps modernes.

Voici devant toi une vue du Vésuve et de la ville antique : les meubles, les lampadaires, les dieux du Capitole, les casques, les enseignes romaines, les clefs des appartements, les styles pour écrire, les miroirs des dames romaines, les bagues, les dés, les tessères ou billets d'entrée aux spectacles ; voici un peu de Rome qui renaît dans un coin de notre demeure, à Paris, rue des Poitevins.

Si tu hâtes tes études, et si les années qui me restent me le permettent, j'irai avec toi te montrer ces merveilles ; tu vivras dans les temps antiques, et tu comprendras mieux après ce voyage tous ces auteurs illustres que j'ai fait revivre en une seule collection qui m'a mérité les éloges de tous ceux qui se sont voués aux études classiques et à la saine littérature.

De l'Italie et du premier siècle de l'ère chrétienne nous venons en France. Tu le sais, mon ami, après les invasions des Barbares et la division de l'Empire de Rome en empire d'Occident et d'Orient, les arts se réfugièrent quelque temps à Byzance, aujourd'hui Constantinople ; on y éleva des temples, des obélisques, des palais. Les objets d'art respectés de cette époque sont rares ; ils ont un cachet original ; les formes des statues sont longues et effilées, regarde la Vierge placée dans le tabernacle : les objets religieux sont la plupart en cuivre doré avec des incrustations en émaux ; vois la crosse d'évêque, etc., etc. : avec un peu d'habitude, on reconnaît d'abord le caractère byzantin.

Alors aussi, dans la Gaule et l'Allemagne, plusieurs siècles obscurs, barbares, se succédèrent ; nul objet d'art, nulle science, nulle littérature ; la guerre partout et partout la dévastation, le carnage et l'esclavage, tel fut le moyen âge. Cependant la religion divine du Christ adoucit peu à peu les mœurs ; des églises s'élevèrent de toutes parts, les arts reprirent vie sous l'influence bienfaisante d'un Dieu de paix et de bonté, et ils déposèrent aux sanctuaires des églises une foule d'objets en argent, en or, en émaux, d'admirables tableaux, des statues parfaites. Les lettres aussi fleurirent, les sciences se ranimèrent, et cette belle époque prit bientôt après, et à juste titre, le nom de la renaissance des sciences, des arts et des lettres.

Les arts furent particulièrement consacrés aux objets du culte ; ils offrent un grand intérêt : les plus illustres artistes, sous le beau règne d'un pape philosophe, de Léon X, y déployèrent leur génie, et leurs élèves, en marchant sur leur trace, ont laissé dans le monde civilisé, même sur les moindres objets, l'empreinte des leçons qu'ils avaient reçues.

Montons ensemble dans les galeries supérieures. La première salle t'offre une réunion de tous mes ouvrages de peinture : j'ai mêlé longtemps ces travaux avec mes études plus sérieuses sur Tacite, et avec mes grandes publications. Ma vie a été ainsi bien remplie ; elle a été heureuse, malgré bien des contrariétés, malgré l'envie, malgré bien des maladies, parce qu'elle a toujours été pleinement occupée de choses utiles ou agréables. Occupe ton existence par les sciences, les lettres et les arts : ce sont là, cher ami, les plus habiles, les plus sincères, les plus parfaits consolateurs de la vie.

Suivons cette galerie, elle est remplie de tableaux de divers maîtres : ceux-là aussi ont bien travaillé ; ils ont laissé des chefs-d'œuvre, et leurs ouvrages ont été nommés divins.

Plus loin est la salle de Tacite, du prince des historiens, qui a eu mon culte toute ma vie, et la collection de 1055 éditions, que j'ai réunies avec tant de persévérance pendant plus de trente années. J'ai aussi déposé là mes manuscrits, écrits, raturés, biffés, corrigés, recorrigés sans cesse de ma main avec patience et sévérité ; manuscrits dont les premiers cahiers ont été publiés en 1803 et les derniers en 1840. Trente-sept années n'ont pas été trop longues pour ce consciencieux travail, qui m'a mérité de nobles encouragements et le grade d'officier de la Légion d'honneur.

Entre dans la salle Chinoise. Derrière les portions du globe que nous habitons, il est un empire immense qui comprend plus de territoire que l'Europe entière. Il est encore inconnu en bien des parties de sa civilisation : il n'admet point chez lui les étrangers ; il ne laisse pas sortir ses sujets ; il craint de troubler un bonheur qui a fait donner à ce vaste état le nom de *céleste empire*. Bien des siècles avant nous, il avait découvert la boussole, le calcul décimal, l'art d'imprimer[1], les puits artésiens, les fabrications variées des plus admirables porcelaines et des plus magnifiques étoffes de soie, des draps d'or et d'argent. Le reste du monde est son tributaire pour le thé, dont la consommation est devenue générale[2]. Les Chinois cultivent et font naître les plus belles fleurs et une quantité innombrable de plantes alimentaires qui nous sont inconnues ; leur écriture est toute idéographique, c'est-à-dire composée de caractères qui représentent des objets et des idées[3]. Ils excellent dans la poésie descriptive, et ils ont publié des encyclopédies dix fois plus étendues que celles de l'Europe. Dans ce pays, il n'est point de priviléges ni de noblesse : l'éducation seule et les dispositions successives des élèves indiquent ceux qui doivent occuper les premiers rangs dans la société, sous le nom de mandarins. Une très-longue paix les a rendus inhabiles à la guerre ; c'est un éloge plutôt qu'un blâme. Le tribunal des rites règle les égards que l'on doit à la vieillesse et au mérite ; chez eux, la base de toute religion est le culte pour les ancêtres. Cette admirable doctrine est la source d'une foule de vertus ; elle est consolante pour le passé et pour l'avenir : quoi de plus doux, en effet, pour moi, cher Enfant, que la pensée que tu pourras m'aimer un jour comme j'ai aimé et révéré ton

---

1. Vers le milieu du xe siècle.

2. Les Anglais en ont acheté 29 millions pesant en 1826.

3. Le mot *bonheur* est écrit en chinois par trois figures qui représentent un champ, une maison, un enfant : leur philosophie observatrice leur a dit que le *bonheur* était là.

excellent bisaïeul, dont tu vois le buste, chef-d'œuvre de notre ami Lemot[1], comme premier ornement de notre salon! Étudie sa vie et ses travaux, et tu y trouveras les plus beaux exemples. Relis les lettres que Voltaire et Rousseau lui adressaient[2]; médite ses Discours sur le beau, sur l'Art de traduire, ses traductions de Lucrèce, de l'Arioste et du Tasse, exemple que je me suis fait une règle de suivre, en créant comme lui de vastes publications honorables au pays, favorables au commerce, utiles aux lettres et aux sciences, et qu'une bouche auguste a bien voulu qualifier de la manière la plus honorable, en disant qu'elle en reconnaissait toute LA NATIONALITÉ.

Ton grand-père et ami,

C. L. F. PANCKOUCKE.

J'ai encore réuni et classé une foule d'objets qui doivent appeler ton attention :

Une série de médailles romaines contenant les diverses espèces de monnaies et les effigies des Césars et des empereurs romains depuis Auguste;

Une collection d'autographes des rois, reines et ministres de France, des hommes de lettres, des femmes célèbres, des hommes de notre révolution, et ceux des gens de mérite en relation depuis longtemps avec notre famille;

Une série historique des écoles de la gravure et des œuvres des graveurs depuis l'origine de cet art, porté aujourd'hui à la plus haute perfection;

Une suite d'émaux anciens ou modernes indiquant les progrès de cette peinture, les costumes depuis Charles-Quint jusqu'à Napoléon :

Des manuscrits, sur vélin, des livres de prières, ornés de miniatures; des manuscrits des œuvres de Cicéron, Horace, Ovide, Juvénal, Florus, Solin, Perse, etc.;

Une suite d'ouvrages imprimés dès les premiers temps de de l'art typographique;

Des objets d'histoire naturelle variés, les plus curieux par leur forme ou par leur éclat, des agates, des coquilles, des oiseaux-mouches, des insectes recueillis dans mes voyages aux Alpes, aux Pyrénées, en Écosse, en Allemagne et en Italie.

1. Frederick Lemot, auteur des statues équestres de Henri IV à Paris, de Louis XIV à Lyon, et du grand fronton du Louvre, trop tôt enlevé aux beaux-arts, me fit présent de ce buste. Aidé de plusieurs portraits et de ses souvenirs d'affection, il l'exécuta treize années après la mort de mon père, et la ressemblance a été trouvée parfaite.

2. VOLTAIRE A C. J. PANCKOUCKE : « Vous étiez fait pour être l'ami de Buffon : vous nous rappelez ces beaux jours où les Étienne honoraient la typographie par la science. » (Voir les Lettres de Voltaire et de Rousseau dans cette Notice sur la *Collection*, pages 5 et 6.)

COLLECTION DE 450 VASES GRECS.

La Collection des vases grecs que j'ai recueillis, mérite, mon cher Enfant, une mention particulière : ils doivent être plus tard, pour toi, l'objet d'une attention sérieuse et de méditations historiques dont tu pourras faire de nombreuses applications. Ils appartiennent, sans doute, aux époques les plus anciennes de l'art; quelques-uns ne sont peut-être pas très-éloignés des temps homériques et de ceux où l'imagination des Grecs créa les héros, les dieux et les demi-dieux qui forment l'ensemble de la mythologie hellénique. C'est sur les peintures qui décorent ces vases qu'il faut chercher l'histoire de ces héros et de ces divinités. La représentation n'y est-elle pas plus vraie, j'oserais dire plus native? elle y est moins alterée, plus franche, plus pure que dans tous les monuments postérieurs : les costumes, les armes, les attributs, doivent y paraître avec cette vérité antique qui remonte presqu'à l'origine de ces créations; car l'imagination des artistes, celle des poëtes, ont dénaturé plus ou moins, dans la suite des temps, ces traditions primitives.

Ces vases, d'abord attribués à l'Étrurie, ont été, par de nouvelles études, restitués presque tous à l'art grec : leurs formes élégantes et variées, les sujets qui les décorent et leurs inscriptions sont un témoignage bien assuré de leur origine. Ils étaient décernés en prix dans les jeux publics, ou offerts en présent dans les cérémonies nuptiales ou funéraires. C'est aux tombeaux qu'on doit leur conservation : ils étaient placés auprès du mort couvert de ses armes et paré de ses bijoux; les coupes étaient suspendues aux murs de la tombe. Ces souterrains funèbres furent sans doute respectés et gardés, tant que les villes existèrent; lorsque les Barbares sortis du nord de la Germanie, vinrent envahir l'Italie et mettre sept fois le siége devant Rome, ils détruisirent ces villes, et leurs ruines éparses et accumulées ont couvert et mis à l'abri ces hypogées où reposaient les morts entourés de ces vases fragiles. L'amour de la science, si actif chez ses vrais adeptes, a été fouiller, vers la fin du dernier siècle, ces sanctuaires, et en a retiré ces vases encore brillants de leurs beaux vernis et dont la contexture est si légère qu'on ne doit y toucher qu'avec la plus grande précaution.

La Collection que j'ai formée, de près de cinq cents vases, m'a coûté beaucoup de soins et de recherches, c'est-à-dire a été une des occupations les plus intéressantes de ma vie.

Ils ont été classés de la manière suivante[1] : LES DIEUX, LES DEMI-DIEUX, HISTOIRE HÉROÏQUE, SUJETS VARIÉS, ANIMAUX, DIVINITÉS. *Minerve*, seize vases ou sujets; *Apollon*, cinq vases; *Mercure*, dix vases; *Bacchus*, quarante-sept vases représentant des scènes bachiques. J'ai consacré particulièrement mes recherches à *Hercule*, dont les travaux méritent peut-être de nouvelles explications. Depuis plus de dix années j'ai recueilli tous les vases où ce demi-dieu est représenté; j'en ai rencontré dans mes voyages, et j'en ai fait partout une investigation minutieuse : j'ai ainsi réuni près de cent vases ou coupes d'Hercule. Cette réunion n'existe dans aucun musée; je possède seul des sujets très-remarquables, qui, sans doute, ne se retrouveront jamais : cette spécialité donne à ma Collection une valeur particulière. Déjà j'ai fait lithographier avec soin tous ces sujets du plus haut intérêt, et je m'occupe du texte qui doit les accompagner.

Les vases que j'ai recueillis représentent :

HERCULE au berceau, étouffant les Serpents envoyés par Junon pour le dévorer; — Tenant sa massue, élevant son arc et se détournant vers Minerve, qui fut sa constante protectrice; — Terrassant le lion; — Étreignant dans ses bras le lion qui s'est élancé sur sa poitrine; — Étouffant le lion; — Saisissant le sanglier qu'il soulève, et qui fait de vains efforts pour lui échapper; — Entourant de liens le taureau déjà tombé sur les genoux; — Combattant les grues avec la fronde; — Combattant avec sa massue le double Géryon; — Saisissant le vieux Nérée, changé en monstre marin, et le contraignant ainsi à lui apprendre la demeure des Hespérides; — Son arrivée au jardin des Hespérides; — Conduisant Cerbère, qui vient d'être enchaîné par Mercure; — Menaçant Apollon qui le poursuit et veut lui reprendre le trépied de son oracle; — Combattant trois guerriers qui représentent Hippocoon et ses fils; — Frappant de sa massue une Amazone; — Combattant avec sa massue deux guerriers armés de lances; — Prêt à frapper de son glaive un guerrier qu'il saisit au poignet; — Saisissant par le panache un guerrier qui tombe à terre; — Attaquant avec sa massue un guerrier dont le bouclier porte pour devise la tête d'un taureau; — Combattant trois guerriers vêtus de casaques rouges, et qui représentent peut-être Actor et ses deux fils; — Jouant de la lyre heptacorde en présence de Minerve; — S'entretenant avec Mercure, assis, et près de Minerve; — A la fontaine de Lerne; — Découvrant le pithos des Centaures; — Portant sur ses épaules le sanglier d'Érymanthe, et posant le pied gauche sur le bord du pithos dans lequel s'est réfugié Eurysthée; — Combattant deux Amazones; — Luttant avec Antée; — Chargé de fers par les ordres de Busiris; — Enchaînant Cerbère; — HERCULE-MÉLAMPYGE portant sur ses épaules les deux Cercopes Acmon et Passalus; — Le Centaure Nessus et Déjanire; — HERCULE ET NÉRÉE; — HERCULE combattant les Grecs; — Arrachant la corne d'Achéloüs. Char d'HERCULE. — Apothéose d'HERCULE.

1. Voyez le Catalogue par M. J. Dubois, conservateur des antiquités égyptiennes au Musée royal du Louvre.

M. T. Ciceronis Orationes, in-fol.—Ms. sur vélin, 215 feuillets.—xv⁰ siècle. — D'une très-belle conservation.

Retorica nova di Tullio (Cicerone), traduction espagnole, petit in-4°. — Ms. sur vélin, 77 feuillets. — xv⁰ siècle.

Cicero de Officiis, in-4°. — Ms. sur vélin, 57 feuillets. — xv⁰ siècle.

Cicero, de Amicitia, et Leonardi Aretini præfatio, petit in-4°. — Ms. sur papier, 39 et 38 feuillets.— xv⁰ siècle. — Ancienne reliure.

Quinti Horatii Flacci opera, in-4°. — Ms. sur vélin, 124 feuillets. — xii⁰ siècle. — De la plus belle conservation, relié en maroquin rouge par Bradel.

Ovidii Ars amatoria, Remedium amoris, Epistolæ, Amores, Polex, Philomela, Medicamina faciei, Nux, ad Liviam Augustam Consolatio, in-18. — Ms. sur vélin, 205 feuillets. — xv⁰ siècle.

Juvenalis, petit in-4°. — Ms. sur vélin, 154 feuillets. — Lettres ornées. — xiv⁰ siècle. — Ancienne reliure.

Flori Historiæ et Plinii de Viris illustribus (à la fin, la *Vie de Pomponius Atticus*, de Cornelius Nepos), in-8°. — Ms. sur papier. — xiv⁰ siècle.

J. Solini de Sito orbis terrarum, etc., in-4°. — Ms. sur vélin, 102 feuillets. — xv⁰ siècle.— Belle conservation.

Sensuyt vng liure de plusieurs difficultes qu'on pourroit auoir. Comment on doibt faire et procéder en aulcunes choses de observances et de manieres de faire, etc., petit in-4°. — Ms. en gothique, sur papier, 69 feuillets. —xv⁰ siècle.

Heures latines, in-4°. — Ms. sur vélin, gothique, bordures ornées, 37 belles miniatures, 152 feuillets. — xiv⁰ siècle. — Reliure en velours ponceau.

Missel, in-12.— Ms. d'une exécution parfaite, sur vélin, 153 feuillets, lettres gothiques, bordures ornées et beaucoup de miniatures. — xv⁰ siècle.

Heures latines, in-18. — Ms. sur vélin, gothique, lettres ornées, 132 feuillets. — xv⁰ siècle.

La Passion et Prières pour divers offices, in-4°. — Ms. sur vélin, bordures ornées et miniatures, 116 feuillets. — xiv⁰ siècle. — Reliure en velours noir. (Il paraît être incomplet.)

Livre de prières contenant l'Office de la sainte Vierge, les Psaumes pénitentiaux, l'Office des morts, etc., in-4°. Ms. sur vélin, gothique, lettres et bordures ornées, avec un grand nombre de belles miniatures. — Reliure en velours noir. — xiv⁰ siècle.— Ce manuscrit a appartenu à Mabillon.

Psaumes, Litanies des Saints, Office des morts, petit format carré. — Ms. sur vélin, gothique, 92 feuillets. — xv⁰ siècle. — Ancienne brochure.

Psaumes et diverses prières, in-4°. — Ms. sur vélin, gothique, lettres ornées, 263 feuillets. — Reliure ancienne. — xv⁰ siècle.

Psaumes et prières, dont quelques-unes en français, in-4°. — Beau Ms. sur vélin, gothique, bordures ornées et miniatures, 164 feuillets. — xv⁰ siècle. — Ancienne reliure.

Psaumes, oraisons et prières à la Vierge, petit in-4°. — Ms. sur vélin, miniatures et lettres ornées, 272 feuillets. — xv siècle. — Ancienne reliure.

Psautier latin, avec musique, in-12. — Ms. sur vélin, gothique, avec un très-grand nombre de miniatures d'un fini extraordinaire, 150 feuillets. — xv⁰ siècle.

Psautier allemand et latin, avec musique, petit format carré. — Ms. sur vélin, 219 feuillets. — xv⁰ siècle. — Ancienne reliure.

Livre de prières : première partie en latin, la seconde en hollandais, in-12. — Ms. d'une belle exécution, sur vélin, lettres gothiques, initiales ornées et quelques miniatures, 211 feuillets. — xv⁰ siècle. — Ancienne reliure.

Heures hollandaises, in-12. — Ms. sur vélin, gothique, bordures ornées. — xv⁰ siècle. — Bonne conservation.

Missel hollandais, in-4°. — Ms. sur vélin, en lettres gothiques, initiales ornées et quelques miniatures, 155 feuillets. — xv⁰ siècle. — Ancienne reliure.

Aristotelis Ethicorum libri VIII; Politicorum libri II; OEconomicorum *liber* ou *libri*, ex interpretatione *Leonardi Aretini* (Argentorati, typis Joa. Mentelin, environ 1470), in-folio. — Sans chiffres, ni réclames, ni signatures. — Ancienne reliure en bois.

Conclusiones, sive decisiones antiquæ de rota, in-folio; Moguntiæ, P. Schoyffer de Gernsheim, 1477. — Sans chiffres ni réclames. — Ancienne reliure.

Les Ordonnances royaulx, nouvellement publiés à Paris de par le roy Loys, vij de ce nom, le viij jour du mois de juin, l'an Mil LLLLxcix (1499); in-4°.

Hore beate Virginis Marie : secundum usum sacrum : cum illius miraculis : una cum figuris Apocalysis : Thobie et Judith, ac etiam mortis accidentia noviter addita impressa fuerunt Parisiis opera ac arte Nicolai Hygman, impensis Simonis Vostre; grand in-8°, imprimé sur vélin, bordures ornées, 118 feuillets, 18 gravures et lettres ornées.

Livre de piété contenant des fragments des évangiles, des psaumes, des antiennes et des oraisons, in-8°. — Sans lieu ni date (xve siècle?). — Ancienne reliure.

Beroaldi Ph. varia opuscula, petit in-4°; Rome, François Regnault. — Sans date. — Ancienne reliure.

Catullus, Tibullus, Propertius, in-12, Venetiis, Alde, 1502.

Le livre de l'internelle cosolation très-utile au chrestien, imprimé à Lyon par Denys de Harsy, 1542, in-32 de de 256 pages.

Ordo misse, secundario diligentissime correctus, petit in-4°, Romæ Silber, 1508. — *Bernonis* libellus de officio missae quem edidit Rhomæ; in-4°, Paris, H. Étienne, 1510. — Ancienne reliure en un seul volume.

Heures à l'usage de Rome, in-8°, Paris, G. Hardouyn, 1510. — Sur vélin, avec lettres ornées et miniatures. Ancienne reliure.

Hore divine Virginis Marie, secundum vsum romanum, cum aliis multis folio sequenti notatis : vna figuris Apocalipsis et destructio Hierusalem, et multis figuris Biblie insertis; petit in-8°, Paris, Gille Hardouin, 1513. — Imprimé sur vélin, bordures ornées, 96 feuillets, avec 25 miniatures et lettres ornées. Ancienne reliure.

Triumphus Veneris *Henrici Bebelii*, cum commentario Joannis Altenstaig in-1°; Argentinæ, 1515. — Donati, sive Lactantii, argumenta compendiaria in Ovidium, etc., in-4°, Viennæ Austr, Léonard et Luc. Alantses fratres, 1513. — En un seul volume.

Cicero de Officiis, in-4°, Lugduni, Balet, 1518.

Biblia, in-folio, Lugduni, J. Sacon, expensis A. Koberger Nuremburgensis, 1519. — Lettres gothiques, gravures en bois.

Apuleii Metamorphoseos; in-12, Venetiis, Alde, 1521.

La Bible, qui est toute la saincte Escripture, etc., translatée en françoys par *Lebrieu* et *Du Brec*; in-8°, Neufchatel, Pierre de Wingle dict Pirot Picard, 1535.

Q. Horatii Flacci poëmata, in-12, Paris, Robert Estienne, 1544.

Biblia, secunda editio, in-folio, Paris, C. Guillard, 1549.

Les OEuvres de Clément Marot, in-32, Paris, Boursette, 1556.

Ciceronis, M. T. Partitiones oratoriæ, cura *Leodegarii*; in-4°, Paris, Gabr. Buon, 1568.

Oratio Bartholomæi Latomi de Studiis humanitatis; in-4°, Parisiis, F. Gryphius, 1534. — Ciceronis Philippicæ, cum Commentariis Maturantii, Beroaldi et Trapezutii, in-4°, Paris, Badius, 1529. — Carol. Gerardus de Juris voluminibus repurgandis; in-4°, Lyon, S. Gryphius, 1533. — En un seul volume.

Sallustii in M. T. Ciceronem oratio; in-4°, Paris, Badius, 1532. — Ciceronis Paradoxa, in-4°, Ibid., 1532. — Ciceronis Cato major; in-4°, ibid., 1538. — En un vol.

Le Catéchisme des Iesvites, ou examen de leur doctrine, in-8° de 358 pages, 1602, à Villefranche, chez Guillaume Grenier.

COLLECTION D'ANTIQUITÉS

et

D'OBJETS D'ART DU XVe SIÈCLE

RECUEILLIS EN DIVERS VOYAGES

ET CLASSÉS PAR ORDRE DE TEMPS ET DE LIEUX

PAR C.-L.-F. PANCKOUCKE

OFFICIER DE LA LÉGION D'HONNEUR.

Hôtel et Cour.

ETTE habitation, connue sous le nom d'HÔTEL DES ÉTATS-DE-BLOIS, est bâtie en pierre de taille et fut construite vers le milieu du règne de Louis XV : l'harmonie des distributions, la pureté des lignes et le grandiose de l'escalier en ont fait une des constructions les plus remarquables du 11e arrondissement. Les députés des États de Blois y furent convoqués et s'y réunirent jusqu'en 1770.

Le plafond de l'escalier est décoré de sculptures des ateliers de MM. Hubert et Vallée.

La cour est ornée, dans le centre, d'une statue de Pallas, copie en bronze de la statue antique et en marbre du palais Justiniani, à Rome : elle a été fondue par M. Richard, qui a exécuté les magnifiques portes de la Madeleine.

Cette statue, de grandeur demi-nature, est supportée par un piédestal en marbre Malplaquet, entouré d'une étoile en bitume-marbre.

1

Escalier.

Mosaïque trouvée aux environs de Rome, représentant une tête de Faune couronnée de cerises et de feuillages, encadrée d'une torsade jaune, noir et blanc, et de bandes en jaune antique et en marbre noir.

Bustes antiques trouvés à Rome et aux environs : Lucius Verus, frère de Marc-Aurèle ; Minerve, Diane, Flore, etc.

Antichambre.

Deux tableaux à l'huile : Vues de Suisse, par Chatellet, 1776.

Le tableau de gauche représente les chutes et cascades du Tésin ; — celui de droite, les chutes de la Reuss, qui se précipite à travers les rochers du Saint-Gothard, le Pont-du-Diable et la cavité qui conduit à la vallée d'Urseren.

Salon.

Buste en marbre blanc de C.-J. Panckoucke, éditeur de l'*Encyclopédie méthodique*, par F.-F. Lemot, son ami, membre de l'Institut. — 1822.

Une Table montée en cuivre doré et bronze par Lafontaine, couverte d'une glace, avec attributs dorés par Bourcel, et offrant neuf tableaux de fleurs sur peau de vélin, ronds ou ovales, peints par madame Ernestine Panckoucke.

Douze Tableaux a l'huile par M. C.-L.-F. Panckoucke, d'après Gudin et Perrot, représentant divers effets de mer et de soleil. — A droite, Vue de Douvres et Bateau à vapeur ; au-dessus, Vue de la Méditerranée. — Tempête et sauvetage. — Vue de la Seine du côté de Quillebœuf. — Soleil levant. — Point du jour. — Plein midi. — Falaises de Dieppe. — Effet de soleil derrière des rochers. — Tempête au soleil couchant. — Effet du soir.

Billard.

Cette pièce est décorée d'un panorama qui représente une vue exacte du hameau de Fleury-sous-Meudon, prise à la terrasse de tilleuls de la maison de campagne de M. Panckoucke.

Premier entre-colonnement. — A droite, Salle de bain, dont l'extérieur est la représentation de la Chapelle de Guillaume Tell, au lac des Quatre-Cantons. Ce monument fut élevé dans le lieu où Guillaume Tell sauta de la barque lorsqu'il était emmené captif par Gessler. — Maison de M. le marquis de Pastoret.

(Peint par M. C.-L.-F. Panckoucke.)

Second entre-colonnement. — Village de Fleury. — Maison du général Barbou.

(Peint par M. Jorrand.)

Troisième entre-colonnement. — Au fond,

à droite, les villages de Montmorency, Sanois, Saint-Brice. — A gauche, le Calvaire ou Mont-Valérien ; au-dessous, le village de Saint-Cloud ; dans la plaine, le cours de la Seine, le village et le bois de Boulogne ; route de Saint-Cloud.

(Peint par M. Jorrand.)

Quatrième entre-colonnement. — Maison de M. Panckoucke, avec sa Tour gothique, le Salon circulaire, la Galerie de Pompeii, et la Serre des oiseaux.

(Peint par M. C.-L.-F. Panckoucke.)

Cinquième entre-colonnement. — Vue du Château de Meudon, de ses terrasses et de son orangerie. — Village de Meudon. Rabelais, par la faveur du cardinal du Belley, en devin curé en 1545, et y écrivit une partie de ses ouvrages. — Sur le devant, à droite, Maison de campagne à Fleury. Elle fut longtemps habitée par MM. de Jouy et Casimir Delavigne, qui y écrivirent leurs plus beaux ouvrages.

(Peint par M. Jorrand.)

Sixième entre-colonnement. — Bois de Meudon. — Haras de Monseigneur le duc d'Orléans.

Septième entre-colonnement. — Bois de Fleury. — Terrasse couverte, moulin, rochers, pièces d'eau et chaumières du jardin de M. Panckoucke. — A droite, Jardin et Maison de M. Redouté, notre célèbre peintre de fleurs ; plus loin, une Maisonnette qui fut la résidence de l'abbé Delille.

(Peint par M. Jorrand.)

Petit Salon.

Tableaux de fleurs par madame Ern. Panckoucke. — Deux grandes aquarelles : Vues de Suisse, par M. Ernest Panckoucke. — Un Amour domptant un Lion, par Van Brée. — Trois Portraits sur porcelaine, par M. Pastier, d'après les miniatures d'Isabey. — Fac-simile des Monuments de l'Égypte, gravure à l'aquatinta, d'après le grand tableau à l'huile placé dans la salle Égyptienne. — Trois Portraits (aquarelle), par Lafitte, dessinateur du Cabinet du Roi. — Un tableau à l'huile représentant des Chiens savants, un Ane et leur Conducteur, d'après Descamps, par M. Panckoucke. — Au milieu de la JARDINIÈRE, cinq petits Amours dans un nid en marbre blanc, par Chaudet.

Salle à manger.

Ornements par M. Lesueur. — Quatre figures volantes, par M. Raverat. — Vase de fleurs ; attributs de chasse et de pêche, par M. Diaz. — Buffet et quatre vantaux de portes en acajou, par Jacob. — Surtout de table, bronze doré, par Thomire.

Cabinet.

ANTICHAMBRE.

Aquarelles : — Vue de Rouen et port de mer, par M. Gudin. — Une Mère faisant lire son fils, par M. Alfred Johannot.—Une Famille au désespoir au milieu d'une inondation, par M. Scheffer. — Un Guerrier monté sur un Cheval blanc, par M. E. Delacroix. — Un jeune Enfant demandant à entrer dans un régiment polonais, par M. Charlet. — Un Hussard à cheval, par M. Édouard Swebach. — Une jeune Fille, son Tuteur et son Amant, par madame Haudebourg – Lescot. — Un Grec jouant de la guitare, par M. Collin. — Une Dame et ses deux Enfants, par madame Collin. — Rencontre de plusieurs Personnages au bas d'un escalier dans un grand jardin, avec entourage de figures fantastiques de diverses époques., par M. Devéria.

Confessionnal, Absolution, d'après Johannot. — Curé et Paysanne, d'après Grenier, etc., etc., par M. Panckoucke. — Une Femme grecque et son Enfant pleurant au départ de son Mari, par mademoiselle A. G.

CABINET.

Le plafond est consacré à rappeler les quatre grandes entreprises de librairie de M. C.-L.-F. Panckoucke.

1°. *Dictionnaire des sciences médicales.* — Un professeur explique les caractères des maladies à ses élèves. — Jeune lauréat offrant sa couronne au dieu de la médecine, Esculape; quelques élèves s'occupent d'opérations chirurgicales. — Les écussons inférieurs portent les noms d'Esculape, Hippocrate, Galien, Celse, Ambroise Paré, Boerhaave, Buffon, Jenner, Gall, Pinel, Hallé et Cuvier.

2°. *Victoires et conquêtes des Français.* — Cette vaste entreprise fut créée par l'éditeur au moment même où l'on insultait nos armées retirées derrière la Loire. — Napoléon, à cheval, précède le drapeau tricolore, surmonté de l'aigle impériale; ses valeureux soldats le suivent à la conquête de la plus grande partie de l'Europe. — Les écussons inférieurs portent les noms de Hoche, Marceau, Jourdan, Kellermann, Masséna, Augereau, Napoléon, Oudinot, Ney, Soult, Davoust et Gérard.

3°. *Description du Tableau de l'Égypte.* — Le fond représente la grande Pyramide de Gisch; au devant, le temple de Denderah, les obélisques de Luxor et la statue de Memnon. Les troupes françaises mettent en déroute la cavalerie des mameluks; les savants de l'Institut d'Égypte, mêlés à nos soldats, dessinent les monuments élevés par Sésostris. — Les écussons inférieurs portent les noms de Bonaparte, Kléber, Desaix, Caffarelli, Fourier, Gallois, Monge, Berthollet, Denon, Geoffroy Saint-Hilaire, Jomard et Larrey.

4°. *Bibliothèque Latine-Française* ou *Traduction des Auteurs latins*, par des membres de l'Institut et de l'Université. — Le Grand-Maître de l'Université, entouré de jeunes collégiens, leur rappelle que tous les grands écrivains de l'antiquité ont été les guides des auteurs qui ont le plus contribué à l'illustration de la littérature française. — Les écussons inférieurs portent les noms de Tacite, Tite-Live, César, Salluste, Pline, Cicéron, Virgile, Horace, Ovide, Lucain, Plaute et Lucrèce.

Les *colonnes de la* Bibliothèque portent 96 médailles en bronze, offrant les bustes des personnages les plus célèbres dans les sciences, les arts et les lettres, en France, en Angleterre, en Italie et en Espagne. — Au milieu de la Bibliothèque, un médaillon par M. Barre représente le buste de C.-J. Panckoucke; au-dessous est placée l'*Encyclopédie méthodique,* dont il fut l'éditeur. Cette entreprise, la plus vaste collection typographique du siècle dernier, comprend cinquante dictionnaires et six mille planches in-4°.

Le *Meuble près de la* Bibliothèque sert d'appui à un petit monument funèbre en marbres variés et bronze doré; au-devant, un émail par Touron, Portrait de C.-J. Panckoucke; et trois miniatures, portraits de mesdames Panckoucke et Sicard; deux colonnes en spath-fluor, portant deux petites figures scéniques en bronze; une petite Bacchante et un Mercure en bronze sur piédestaux en marbre vert; trois lampes en marbre, avec masques scéniques; un masque en marbre rouge; une écritoire en marbre rouge, composée de fragments de la villa Adriani, à Rome.

Secrétaire et deux Pèndentifs, par Jacob, ornés dans leurs panneaux de cinq tableaux de fleurs par madame E. Panckoucke. — La médaille des *Sciences médicales,* placée au tiroir du haut, a été imitée du beau tableau de M. Guérin, représentant une famille portant une offrande à Esculape. — Médaille des *Victoires des Français.* La Victoire, sur un char qui parcourt le globe, jette des couronnes sur les noms des villes conquises par les Français. — Médaille de la *Description de l'Égypte.* Le génie de la Victoire soulève le voile qui couvrait l'antique Égypte et ses monuments. — La médaille des *Traductions des auteurs latins* représente l'Histoire, la Philosophie et la Poésie; le revers offre les noms des quarante et un auteurs nouvellement traduits, et au-dessous de chacun d'eux le nom de ses traducteurs. Ces médailles, publiées par M. Panckoucke, sont dues au beau talent de M. Barre, l'un de nos premiers médaillistes. — Au milieu du Secrétaire est incrusté un bas-relief sur pierre dure, d'après l'antique, représentant Minerve sortant tout armée du cerveau de Jupiter. — Ces trois meubles sont sur-

montés de vingt petites coupes en agate-onyx, rubanée, orientale, lapis-lazuli et cristal.

Le *Pendentif de gauche* porte sept médailles dorées des plus grands littérateurs du siècle de Louis XIV.

Le *Pendentif de droite,* celles du règne de Louis XV.

Au-dessus du Secrétaire, une statue de Voltaire, réduction faite par le célèbre sculpteur Houdon lui-même de celle qui décore le péristyle du Théâtre-Français. Cette statue fut commandée à M. Houdon par M. C.-J. Panckoucke, que Voltaire avait choisi pour éditeur de ses œuvres. Au bas de cette statue on lit ces fragments de lettres que Voltaire écrivait à M. C.-J. Panckoucke :

A Ferney, 28 février 1767.

J'ai reçu de vous, Monsieur, une lettre charmante, et j'ai lu avec beaucoup de plaisir votre traduction de *Lucrèce* et votre *Mémoire sur l'impossibilité de la quadrature du cercle.* Je vois que vous étiez fait pour être l'ami de M. de Buffon; vous nous rappelez ces beaux jours où les Étienne honoraient la typographie par la science.

....Je voudrais vous pouvoir prouver l'estime que vous m'avez inspirée quand j'ai eu l'honneur de vous voir à Ferney. Tous les gens qui pensent doivent ambitionner votre amitié.

1er février 1768.

Le froid excessif, la faiblesse excessive, la vieillesse excessive, et le mal aux yeux excessif, ne m'ont pas permis, Monsieur, de vous remercier plus tôt des premiers volumes de votre *Vocabulaire,* et du *Don Carlos* de monsieur votre cousin. Toute votre famille parait consacrée aux lettres. Elle m'est bien chère, et personne n'est plus sensible que moi à votre mérite et à vos attentions....

9 juillet 1768.

....J'aime mieux les beaux vers que les belles gravures. Je vous aime encore plus que tout cela, car vous êtes fort aimables, vous et madame votre épouse.

6 décembre 1769.

Vous savez, Monsieur, que je vous regarde comme un homme de lettres et comme mon ami; c'est à ces titres que je vous écris.

Je vous embrasse de tout mon cœur, sans cérémonie, et je vous prie de vouloir bien faire mes compliments à madame votre femme, dont j'ai toujours l'idée dans la tête depuis que je l'ai vue à Ferney.

15 février 1777.

Oui, oui, je ferai tout ce qu'il vous plaira, car vous m'avez gagné le cœur, et je suis toujours amoureux de madame Suard, votre sœur (si je suis en vie, s'entend, car je ne réponds de rien); tant qu'il me restera un peu de force et un peu d'huile, je suis à votre service.

Au-dessus, à gauche, un tableau à l'huile, peint et composé par M. C.-L.-F. Panckoucke, représentant les caveaux de Saint-Denis; effet de soleil au fond, et de flambeau sur le devant. Ces caveaux sont décorés des tombes les plus remarquables des ducs et duchesses de Bretagne. (Peint en 1815.)

A droite, un tableau représentant un Confessionnal; Effet de lune à travers les vitraux, contrastant avec l'effet d'une lampe placée aux pieds d'une Vierge en marbre blanc. Une jeune Fille se confesse à son directeur de l'amour dont elle n'a point encore fait l'aveu à son amant; caché derrière le confessionnal, celui-ci apprend pour la première fois qu'il est aimé. (Composition peinte par M. C.-L.-F. Panckoucke.)

Une TABLE RONDE en bronze, modèle antique à griffes de lion, décorée d'une couronne de fleurs variées, peintes par madame E. Panckoucke.—Dessus, une copie en marbre vert de l'écritoire de l'Arioste; l'original, en bronze, est conservé dans la bibliothèque de Ferrare.

PORTIÈRE DE DROITE.

Vénus sortant de l'écume de la mer, esquisse au pastel par Girodet : l'Amour est auprès d'elle; Neptune et Amphitrite la regardent et l'admirent.

Au-dessous, Intérieur et Fête de famille, par Téniers. (Copie sur porcelaine.)

A gauche de la Cheminée, tableau à l'huile, Bouquet de roses dans une carafe, d'après Van Dael, par madame E. Panckoucke. — Jugement de Pâris, d'après le tableau de Van der Werf, copié par Renaud, membre de l'Institut.

Sur la Bibliothèque, un petit meuble contenant la traduction des Œuvres complètes de Tacite par M. C.-L.-F. Panckoucke; *au-dessus*, les médailles des douze Césars, en argent et en bronze.

CHEMINÉE.

Buste de BUFFON, par Houdon. — Ce grand naturaliste fut pendant quarante années l'ami intime de C.-J. Panckoucke, éditeur de tous ses ouvrages. Les nobles procédés de l'éditeur, qui l'un des premiers apprécia le génie de notre grand prosateur, contribuèrent sans doute à l'encourager dans ses recherches et dans ses vastes travaux.

Bustes en albâtre du TASSE et de l'ARIOSTE. — Ces deux auteurs, l'illustration de la littérature italienne, ont été traduits par C.-J. Panckoucke. Les œuvres du Tasse sont précédées d'une Notice remarquable par M. Suard, secrétaire de l'Académie française, et beau-frère de M. Panckoucke. — Au buste du Tasse sont joints quelques fragments des briques de la prison du poëte, à Ferrare, et des glands du chêne sous lequel, à Rome, il allait chercher ses inspirations.

Buste de ROUSSEAU par Houdon. — J.-J. Rousseau écrivait à C.-J. Panckoucke:

Montmorency, le 15 février 1761.

A un anonyme (1).

J'ai reçu, le 12 de ce mois, par la poste, une lettre anonyme sans date, timbrée de Lille, et franche de port. Faute d'y pouvoir répondre par une autre voie, je déclare publiquement à l'auteur de cette lettre que je l'ai lue et relue avec émotion, avec attendrissement; qu'elle m'inspire pour lui la plus tendre estime, le plus grand désir de le connaître et de l'aimer; qu'en me parlant de ses larmes il m'en a fait répandre; qu'enfin, jusqu'aux éloges outrés dont il me comble, tout me plaît dans cette lettre, excepté la modeste raison qui le porte à se cacher.

La Cheminée, en marbre noir, est décorée d'une large agate rubanée, de deux malachites, de deux plaques en lapis-lazuli, avec figures en intaille, et de quatre figures de

---

(1) Cet anonyme était M. C.-J. Panckoucke, qui résidait encore à Lille, et n'était âgé que de vingt-cinq ans.

déesses sur coquille : Vénus, Isis, Diane et Minerve.

A droite de la Cheminée : Portrait de madame E. Panckoucke, par M. Lordon ; portrait de C.-J. Panckoucke, par Auguste Saint-Aubin, 1793 (miniature à la mine de plomb). — Deux aquarelles, par mademoiselle de Varennes, 1827. — Trois grandes miniatures, par Isabey, 1824. — Deux tableaux à l'huile, un Haras et Marché aux chevaux, d'après Swebach, par M. C.-L.-F. Panckoucke, 1815.

Sur la *petite Bibliothèque*, qui renferme les plus belles reliures de Thouvenin, deux petits obélisques en rouge antique ; tasse et sa soucoupe en agate orientale ; une tête en coquille, etc. — Dans la montre, sous verre, Caïus Brutus et Hercule en agate ; deux empereurs romains en améthyste ; une Niobé en cornaline ; cinq bagues antiques ou modernes en agate, améthyste, etc. ; une tête de Minerve, de Michel-Ange; Griffon ; un ornement de baudrier romain en agate-onyx : d'un côté, un Sacrifice sur agate ; de l'autre, deux Amours faisant battre deux Coqs. Cet ornement a été trouvé dans l'île de Schwaw, près de Constance, sur le Rhin. — Une tête de Niobé en agate.

FENÊTRE DE GAUCHE.

Premier vitrail. — Deux Guerriers suisses, l'un couvert d'une armure en fer, l'autre revêtu d'un habit de soie jaune et vert tailladé ; en haut, Sacrifice d'Abraham ; en bas, la Couronne impériale, l'Aigle double, deux Béliers.

Deuxième vitrail. — Un Guerrier armé de toutes pièces portant un drapeau rouge ; trois têtes de Dogues, un Lion. Inscript., ville d'Ellgouw, 1578.

FENÊTRE DE DROITE.

Troisième vitrail. — Deux Lions, l'un tenant un drapeau, l'autre une épée ; couronne et aigle d'Autriche. — 1570.

Quatrième vitrail. — Deux Guerriers ; dans le haut, saint Georges ; couronne et aigle d'Autriche. Inscript., ville de Staum, 1570.

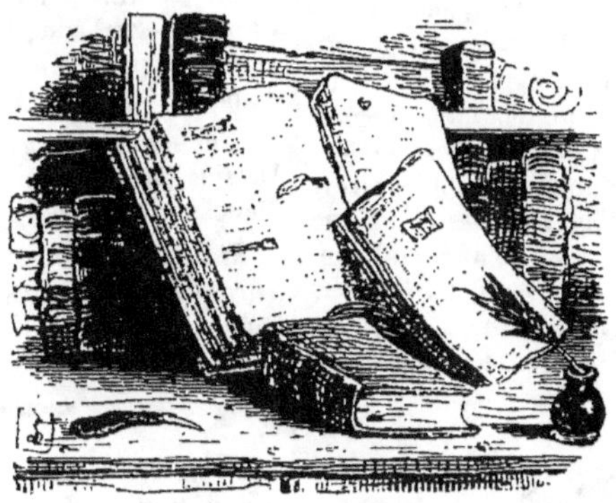

MEUBLE DES AUTOGRAPHES

recueillis par M. Panckoucke, et classés dans l'ordre suivant :

Autographes, 1° des rois et reines de France ; 2° des ministres et généraux ; 3° des hommes de lettres et savants ; 4° des femmes célèbres ; 5° des hommes de la révolution ; 6° des personnes remarquables en rapport avec la famille Panckoucke depuis 1760 jusqu'à nos jours.

Sur le meuble, un vitrail suisse représentant, dans le haut, les Grecs sortant du Cheval de Troie ; une moitié de Bélier en écusson. — Mucius Scévola. — *Au milieu*, la Vertu, personnifiée en Guerrier, monte au ciel en résistant à la Mort, à la Volupté, à la Maladie et à la Misère, qui veulent la renverser. — *Au bas*, les figures de la Prudence et de l'Espérance. — 1500.

Au bas des quatre grandes figures sont écrites les désignations suivantes en allemand :

Pauvreté. Misère. Volupté. Mort.

Au-dessous :

La justice a toujours le pouvoir d'atteindre le méchant, et celui qui se rend coupable n'échappe point au châtiment : la justice reconnaît facilement la vérité.

Celui qui veut bien bâtir doit avoir confiance en Dieu : c'est la devise adoptée par M. Balthazar, qui a élevé cette maison de ses fondements jusqu'au comble.

Première montre. — Mosaïques et camées en coquilles.

Deuxième montre. — Pierres dures sculptées en intaille et en relief.

Troisième montre. — Tabatières et bonbonnières en agate, granit, pierre de Florence, plumpouding, nacre et écaille ; l'une, mosaïque en lave du Vésuve, représente une éruption du volcan.

Quatrième montre. — Vingt-deux bagues antiques en or, avec rubis, scarabées, agates ; une petite bague avec signe de fécondité ; sept colliers : or, grenat, améthyste et lapis-lazuli. — Un collier en verre avec douze signes symboliques.

Cinquième montre. — Une fibule en argent émaillé ; une petite cassolette émaillée ; tête de Niobé en agate ; une fibule en or, antique, représentant un poisson, incrustée de grenat et d'agate ; neuf paires de boucles d'oreilles antiques en or, grappes de raisin en perles fines, en porphyre rouge, lapis, en forme de vaisseaux ; trois pendeloques en perles fines ; une paire de boucles d'oreilles en or, à tête d'élan : l'une d'elles est collée à l'épingle d'argent qui s'est oxydée dans la tombe. L'épingle représente un petit Amour monté sur un chapiteau corinthien, les mains enchaînées derrière le dos. — Boucle d'oreilles en verre de couleur vert pâle ; boucle d'oreilles en lapis-lazuli : l'une représente une fleur, et l'autre une feuille en jade vert piqué de rouge. — Deux boutons d'or formant boucles d'oreilles ; dix-huit plaques en or, en étoiles, partie d'un collier ; une feuille d'or.

MEUBLE DES ALBUMS.

— à gauche. —

Premier album, reliure brune, marqué ℭ. 𝔓., par MM. Fielding, Roehn, Shall, de Varennes, Tanneur, Lequeutre, Renoux, Peyre, Brune, Turpin, Dupressoir, Couderc, Lordon, Swebach, Trezel, Hubert, Villeray, Bonington, Grenier, Desenne, C.-L.-F. Panckoucke ; mesdames Garnerey, Jaquin, Ern. Panckoucke.

Deuxième album, reliure bleue, marqué ℭ.-ℒ.-𝔉. 𝔓., par MM. Géricault, Hubert, Chevalier, Isabey, Nicolle, Chasselat, Malapeaux, Castellan, Swebach, Pernot, Cuvillier, Abel, de Varennes, Finard, Tanneur, Turpin, Fielding, Cazas, Roehn, Fits, Boulanger, Dupressoir, Constantin, de Clérembault, Lordon, Géniot, Roquéplan, Blanc, Baptiste, Brulin, Taylor, Renoux, Gay, Gué, Lafitte, C.-L.-F. Panckoucke et Ern. Panckoucke ; mesdames Garnerey, Jaquin, Ern. Panckoucke.

Troisième album, cuir de Russie, par MM. Finard, Fielding, Delacroix, Paul Martin, Blanc, Dejolly, Gay, Lafitte, Desenne, Linch, Bellanger, Pernot, Denon, Hubert, Boulanger, Vattier, Baptiste, Decamps, Cassas, Xavier Le Prince, Taylor, Hymly, Nicolle, Devéria, Surenne, Charlet.

Quatrième album, maroquin rouge, marqué ℭ. 𝔓., par MM. Peyre, Lafitte, Konig, Vannebuch, Adèle Catrufo, Abel, Eugène Lami, Swebach, Fussely, Turpin, Lordon, Castellan, Tardieu, Haudebourg-Lescot, Pons Camus, Vicard, Pernot, Roehn, Coutan, Audebert, Duplessy-Berthaud, Finart, Fournier-Desormes, Thiepolo, Chauvin, de Trobriant ; mesdames P.-A. et C. P.

Cinquième album, maroquin violet gaufré. Dessins (sépia et aquarelle), par M. C.-L.-F. Panckoucke.

Sixième album. Dessins originaux et gravures des vues prises à l'île de Staffa par le même, en 1827.

Sur le meuble des albums.

Première montre. — Trente-quatre camées, à plusieurs couches, en verre, et scarabées en cornaline, représentant les exploits d'Hercule.

Deuxième montre. — Vingt-sept petites mosaïques représentant les principaux monuments de Rome.

Troisième montre. — Six bonbonnières en agate, granit, ivoire, laque de Chine piquée en or, et une en coquille, représentant Georges III et Minerve.

Quatrième montre. — Soixante-deux cornalines antiques et modernes ; parmi les antiques on remarquera : un Triton, un Berger, une Chèvre, un Rat conduisant des coqs, une Guêpe jouant de la lyre, etc., etc. ; — parmi les cornalines modernes : l'Amour sur un char, le Colysée, les deux Lions de Canova, deux Léda, la Louve de Romulus, etc., etc.

Cinquième montre (Camées en agate, améthyste, malachite, corail). — *Premier rang :* Tête de Satyre, Cléopâtre, le Christ sortant du tombeau, avec la marque de sa blessure au côté ; tête de Cicéron, tête de Bacchante à quatre couches. — *Deuxième rang :* Hercule et Iole, Achille pleurant sur la mort de Pa-

trocle, Triomphe de Galatée, sur onyx de Champigny, Diane, Démosthène. — *Troisième rang :* une Victoire antique fragmentée, Mars et Vénus ; et derrière, une tête de Vestale, Bacchante assise, deux têtes de Minerve.

Un *vitrail* de 1547, représentant saint Georges armé de toutes pièces, vainqueur du dragon ; dans le haut, combat du Guerrier contre le monstre.

Collection d'émaux de diverses époques.

Salle écossaise.

Une armure complète d'un chef de clan : poignard avec le couteau et la fourchette, tabatière, bouclier, giberne, claymore, panache, plume d'un aigle tué à l'île de Staffa.

Galerie de fleurs.

Collection de toutes les espèces connues d'oiseaux-mouches, de divers papillons, et des coquilles les plus remarquables.

VITRAUX.

Première fenêtre. — Premier vitrail : Vue de Venise. Un Guerrier s'avance vers une Dame conduite en gondole ; au-dessus, l'inscription suivante :

Il faut qu'un capitaine considère bien qu'il est facile de commencer la guerre, ainsi que l'histoire le démontre, mais que le pouvoir ne reste qu'au vainqueur.

Deuxième vitrail : — Un Alchimiste faisant de l'or.

INSCRIPTION.

Celui qui, pour payer ses dettes, a recours à l'alchimiste, perd d'abord tout ce qui s'en va par la cheminée, et la ruse lui fait perdre le reste.

Au-dessus, *le Hérisson et le Serpent ; le Rat et le Lion* (fables d'Ésope).

(*Inscription illisible.*)

Deuxième fenêtre. — Premier vitrail : La Vérité et le Courage. — 1627.

INSCRIPTION.

La prudence fait tout avec réflexion, afin que le regret ne suive pas l'action. — La vertu doit être le but de l'homme; ainsi il obtiendra la couronne d'honneur. — M. François-Louis d'Erlach, baron de Switz, et conseiller de la ville de Berne.

Deuxième vitrail : — Les trois Anges recevant l'hospitalité chez Loth. — 1606.

(Inscription illisible.)

Troisième vitrail : — Un Guerrier suisse armé de la hallebarde : sa femme lui offre à boire dans un vidrecome. — 1603.

INSCRIPTION.

Rodolphe Stirnemann de Küttinger, et Marguerite Lüscher, sa femme. — 1603.

Quatrième vitrail, 1619 : — Même sujet.

(Inscription illisible.)

Troisième fenêtre. — Premier vitrail, 1520 : Adoration des Mages; un Nègre vêtu d'un costume rouge; casques et écussons.

(Inscription illisible.)

Deuxième vitrail, 1593 : — Dans le haut, Actéon à la chasse. La Charité, représentée par une femme entourée de quatre enfants, nourrit l'un d'eux. Dans le fond, des religieux vont à la recherche des voyageurs égarés. Au-dessous, cette inscription :

Nicolas Wickhart, et Madeleine Muss, sa femme.

Troisième vitrail : — Caïn tuant son frère Abel.

INSCRIPTION.

Caïn tua son frère; Dieu l'en punit, en le laissant toute sa vie dans la misère et repoussé par la grâce divine.

Quatrième vitrail : — Adam et Ève chassés du Paradis.

INSCRIPTION.

Trompée par le serpent, Ève fit commettre le péché par l'homme, et fut la cause de tous les malheurs : la mort, qui accable tous les hommes, en fut la suite; et l'Ange, armé du glaive flamboyant, les chassa du Paradis.

Quatrième fenêtre. — Premier vitrail, 1581 : — La Danse des morts d'Holbein : un Pape, un Empereur, un Écrivain, un Paysan sont en présence de la Mort; au milieu, une Femme vêtue d'une robe bleue.

INSCRIPTION.

Jean-Jacques Erlawin, greffier de la ville, à Eykny; Dorothée Hürnssin, sa femme.

Deuxième vitrail, 1680 : — Un Guerrier suisse et sa femme.

(Inscription illisible.)

Troisième vitrail : — Création du ciel et de la terre.

INSCRIPTION.

Au commencement, Dieu créa le ciel et la terre, les rivières et la mer, le jour et les étoiles, les oiseaux, les poissons, les serpents et tous les animaux grands et petits, afin que sa bonté et son pouvoir fussent reconnus.

Quatrième vitrail : — Création d'Adam.

INSCRIPTION.

Lorsque toutes les choses furent faites, il manquait encore un être qui pût les gouverner; alors Dieu créa l'homme d'après son image, et le doua de raison et de sagesse.

Cinquième vitrail, encadré, 1548 : — Les figures supérieures, d'une grande perfection de dessin, sont sans doute d'Holbein lui-même. — Sujet principal : une Femme, armée d'un fouet, est à cheval sur un Philosophe à longue barbe, et le guide avec un mors.

INSCRIPTION.

Jean Blum Virtt à Coblentz; Schmiden, sa femme.

Sixième vitrail, 1547 : — Dans le haut, deux Saints; au milieu, l'Assomption de la Vierge, deux Anges vêtus de bleu et de violet. Un écusson surmonté d'une mitre d'évêque et décoré d'un saint Michel terrassant le démon.

INSCRIPTION.

Placide, par la grâce de Dieu, abbé et seigneur d'Ehgelberg.

Échantillons d'agates.
Un papillon en labrador et turquoises.

Six *aquarelles*. — Fleurs et fruits, par madame E. Panckoucke.

Une *bibliothèque en acajou*, dédiée à Esculape et aux Sciences médicales. Au-dessus, une petite statue antique, en marbre blanc, représentant Esculape.

La bibliothèque renferme le *Dictionnaire des Sciences médicales*, 60 volumes in-8;

l'*Abrégé* du Dictionnaire, 16 volumes; la *Flore médicale*, qui comprend quatre cents plantes peintes par madame E. Panckoucke et M. Turpin; le *Journal des Sciences médicales*, publiés par M. C.-L.-F. Panckoucke, de 1818 à 1832.

Au-dessus de la *vasque d'eau*, un grand bas-relief en marbre de Carrare par Thorwaldsen, représentant Minerve: la déesse découvre l'Iniquité sous les traits d'une femme effrayée, et protége l'Innocence, qu'elle soutient et qui regarde le ciel.

Sur le poële, à gauche, diverses mosaïques représentant deux oiseaux, la coupe du Capitole, deux Pigeons, la pyramide de C. Cestius, attenant aux murailles antiques de Rome.

Coquilles.

Premier rang. Poulain exanthème, Tonne la perdrix, triton, valve de tridacne, deux casques de la mer Rouge.

Deuxième rang. Porcelaine tigre décapé, burgau, agathine, turbinelle, le cône tonne, l'ovule, l'œuf.

Troisième rang. Œufs d'autruche, deux valves perlières, la volute couronne d'Éthiopie, la volute impériale, une mitre papale, le rocher impérial.

Quatrième rang. Deux nautiles décapés et gravés, deux haliotides de Californie, deux ptérocères ou grands scorpions, deux concha Veneris, deux oreilles de Vénus de l'Océan.

Cinquième rang. Deux mâchelières d'éléphants de Russie, un ammonite ou corne d'Ammon, un prisme de cristal de roche.

———

— Une BACCHANTE couchée, en marbre blanc, par L.-V. Bougron. 1826.

Au milieu de la Galerie, une Vénus sortant du bain, copie d'après Canova, représente la princesse Pauline, sœur de l'empereur Napoléon. L'original est à Florence.

Collection de *plantes grasses* variées et de vases à l'imitation des vases étrusques.

Salle des Victoires.

Le *meuble à gauche* renfermait un exemplaire, sur peau de vélin, des *Victoires et Conquêtes des Français*, que M. Panckoucke a publiées au moment où l'on insultait nos armées retirées derrière la Loire. Cet exemplaire contenait plus de cent cinquante portraits de nos généraux sur peau de vélin, cent dessins de monuments ou de statues, et trois cents lettres originales de nos généraux; il a été acquis par le gouvernement et déposé à la Bibliothèque du Roi.

Les *masques*, moulés sur nature, représentent François Ier, Henri IV, Cromwell et Charles XII. — Le masque en bronze signé Antomarchi, a été moulé à Sainte-Hélène, sur la figure même de Napoléon.

En face du meuble, une statue de Vénus accroupie, en marbre blanc, d'après l'antique.

A gauche de la statue, sur l'X, un album contenant, depuis l'origine de la gravure, les ouvrages des principaux graveurs, rangés chronologiquement et par écoles.

Sur l'X, à la droite de la statue, un album renfermant cent dessins originaux d'anciens maîtres.

Collection de caricatures de mœurs historiques et politiques, de 1793 à 1839.

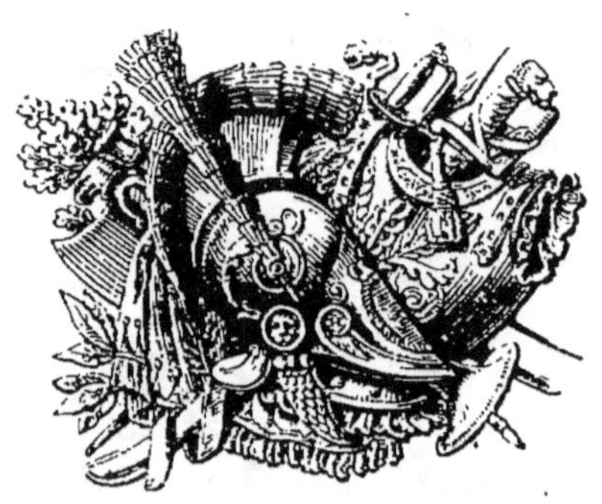

Salle d'Égypte.

Cette petite salle est imitée, dans son décors, d'une des salles de l'île d'Éléphantine; la corniche est ornée de globes ailés et de cartouches offrant les noms des rois d'Égypte des diverses dynasties.

A droite, en entrant, couvercle en bois peint d'une momie de jeune homme. — La figure représente une série d'hiéroglyphes, de scarabées, image de l'âme chez les Égyptiens, des sacrifices, etc. La barbe, renfermée dans un étui au-dessous du menton, indique que le couvercle contenait un corps d'homme; au bas, sandales de palmier et un manuscrit sur papyrus.

Sous la fenêtre, une stelle représentant un sacrifice. — Dans la montre, un scarabée à plaques et d'autres en lapis-lazuli, en jade, en marbre, en bois, avec hiéroglyphes. — Sur la stelle, à gauche, trois scarabées en ivoire, quatre en marbre, cheveux de momie égyptienne. — Au milieu, une petite pyramide extraite d'un tombeau, avec hiéroglyphes, sacrifices et deux personnages à genoux.

A droite du meuble d'acajou, sous le globe de verre, Isis et Horus en basalte, deux statuettes, porcelaines, figurines en bronze, un Typhon en porcelaine; collection de petits animaux en porcelaine verte : lion, bœuf, chat, singe, lièvre, bélier, serpent; quatre figurines de divinités en bronze; une palette votive de peintre, en marbre blanc.

Au-dessous du globe de verre, Figurines en porcelaine : une petite statue assise, déroulant et lisant un manuscrit; un petit panier, présent de M. Caillot, renfermant du pain, des grains de blé et de palma-christi, et un fragment d'un tissu en fil, d'une finesse extrême. — Une plaque de grand prêtre en porcelaine jaune vernie, émaillée de rouge, de bleu et de vert, avec globe ailé et deux figures hiéroglyphiques.

Au-dessous des figurines en porcelaine, un Vase et sa soucoupe en terre rouge. — Un manuscrit roulé, remarquable par son écriture et ses dessins : on n'a pu l'ouvrir, parce qu'il avait été mouillé. — Une marque que l'on imposait sur le pain avec hiéroglyphes; un égrugeoir en granit; neuf figures sacrées en cire; une main humaine, dont les doigts ont été recouverts d'étuis d'argent doré (cette main appartenait à un grand prêtre); la momie en a été rapportée par M. le marquis de Livron, qui en fit don à M. Panckoucke. — Deux stelles : sacrifices et hiéroglyphes.

A droite, tête d'un coffre de momie en pierre dure (momie de femme).

A gauche, un très-beau fragment d'une Isis à genoux, portant un petit autel renfermant une divinité.

MEUBLE ÉGYPTIEN *en acajou,* décoré du globe ailé, et de deux têtes et piédestaux du temple de Denderah, en cuivre doré.

Sur le meuble, un tableau colorié représentant la face sud-est du palais de Thèbes.

Au-dessous, deux stelles avec sacrifices; quatre canopes en pierre, avec hiéroglyphes; huit vases en albâtre, dont un avec hiéroglyphes.

A gauche, figurines moulées, divinités en porcelaine; un bras d'enfant et une main appartenant à des momies.

PORTE *à droite* : Un Sacrificateur. — *Au-dessus*, un Égyptien jouant de la harpe devant une divinité.

Figure d'Isis allaitant Horus, en granit.

Une table de sacrifice.

Au-dessous, une stelle et trois fragments de divinités, en basalte.

Un tableau, peint en 1822 par M. C.-L.-F. Panckoucke, représentant les monuments coloriés de l'Égypte. Nous en donnons ici l'explication par M. Agoub, professeur de langue arabe au collége royal de Louis-le-Grand.

Ce tableau est un abrégé de toute l'Égypte. La conception en est à la fois ingénieuse et hardie : elle nous montre, dans un lointain immense, et comme dans une apparition magique, tout le cours du Nil depuis le Delta jusqu'à la cataracte de Syène (1). Qu'on suppose un homme debout sur le sommet de la grande pyramide; si de là son œil pouvait atteindre jusqu'à la dernière limite méridionale de la vallée, et embrasser d'un seul regard tous les monuments de la Thébaïde, le spectacle qui se déploierait alors devant lui serait, en réalité, la riche perspective qui sert de fond à ce tableau.

Parcourons d'abord d'un coup d'œil les sites les plus éloignés de cette perspective, et après en avoir reconnu à la hâte les principaux édifices, rapprochons-nous par degrés du premier plan, pour examiner plus à loisir les objets qui sont immédiatement sous nos yeux.

Au pied de la montagne qui termine au loin l'horizon, on aperçoit confusément les ruines de l'antique Philæ, île jadis sacrée, où, selon les traditions religieuses des Égyptiens, était renfermé le tombeau d'Osiris. Située à deux lieues au delà de Syène, aux portes mêmes de la Nubie, l'île de Philæ fut la limite où s'arrêta l'empire romain. Il suffirait d'un quart d'heure de marche pour en parcourir la circonférence, et sur une si petite étendue, elle offre encore au voyageur étonné les ruines de plusieurs édifices somptueux, éloquents témoins de son ancienne splendeur.

A la droite de Philæ, on reconnaît la cataracte de Syène, et un peu au-dessous, l'île d'Éléphantine, qui, à cause de son étonnante fertilité au milieu de la contrée aride qui l'environne, fut surnommée autrefois le *Jardin du Tropique*.

Les édifices qu'on voit groupés au-dessous de l'île de Philæ, dont ils sont séparés par le fleuve, sont les restes confondus des anciennes villes d'Ombos, d'Apollinopolis et d'Esné. A l'exception de quelques colonnes encore debout du temple d'Hermonthis, tous les autres monuments, qui sont distribués sur l'une et l'autre rive du Nil, appartiennent à l'antique capitale des Pharaons, à cette fameuse Thèbes aux cent portes, dont Homère chanta la puissance, et qui fut le siége de l'une des premières monarchies de la terre : arts, sciences, systèmes religieux, pacte social, législation, c'est là que tout a commencé; c'est là que s'est allumé le flambeau dont les reflets ont éclairé le monde.

Parmi ces magnifiques débris de la grandeur égyptienne, ce qui frappe d'abord les regards du voyageur, ce sont les deux énormes colosses qui semblent dominer au loin toutes les ruines, et qui sont assis depuis quarante siècles dans la plaine de Thèbes. L'un d'eux, et cela est attesté par une foule d'inscriptions grecques et latines dont les pieds du colosse sont chargés, est la célèbre statue de Memnon qui, selon une tradition accréditée dans toute l'antiquité, rendait chaque jour des sons harmonieux au lever de l'aurore.

Plus bas, et immédiatement au-dessus de la rangée de sphinx à tête de bélier, se montrent, dans un développement pittoresque, les belles ruines du tombeau d'Osymandias. Diodore de Sicile, qui nous a laissé une si brillante description de ce monument funéraire, assure qu'on y voyait, entre autres merveilles, un cercle d'or d'une coudée de hauteur et de 365 coudées de circonférence, sur lequel on avait indiqué, pour chaque jour de l'année, le lever et le coucher des astres. C'est là qu'était aussi renfermée la bibliothèque célèbre où le génie mystérieux des Égyptiens avait gravé ces mots : REMÈDES DE L'AME.

Quelques-unes des galeries du tombeau d'Osymandias ont, au lieu de colonnes, des piliers carrés auxquels sont adossées debout de grandes statues de divinités égyptiennes : cette attitude a probablement suggéré aux Grecs l'idée de leurs *cariatides*. Mais une autre statue, la plus gigantesque qu'ait jamais produite le ciseau égyptien, c'est celle du roi Osymandias, dont il reste encore un immense débris sur le sol de Thèbes. Elle était taillée dans un seul bloc de granit rose, et ses dimensions étaient telles, que son pied seul avait plus de sept coudées. Si ce colosse eût été placé devant le Louvre, quoique assis, sa tête se fût élevée jusqu'au sommet de la colonnade.

Ces sphinx qu'on voit au-dessous, rangés en file, formaient jadis de longues et majestueuses avenues qui conduisaient au palais de Karnak, le plus vaste des édifices connus. Une seule de ses salles contiendrait tout entière l'église de Notre-Dame, et ses plus grosses colonnes égalent en proportions celle de la place Vendôme. Leur fût a près de trente-trois pieds de circonférence.

Quelques autres monuments sont encore disséminés çà et là dans la perspective du tableau; mais il est temps d'arriver au beau portique qui en forme, pour ainsi dire, le cadre.

La première surprise qu'éprouve un voyageur à l'aspect d'un édifice égyptien, c'est de le voir décoré, sur toutes ses faces et jusque dans ses réduits les plus obscurs, d'une innombrable quantité de sculptures dont la profusion tient du prodige; mais son étonnement augmente lorsque, sous la poussière qui les couvre, il aperçoit les couleurs, fraîches encore, dont ils sont partout revêtus. Cette alliance extraordinaire de la peinture et de la sculpture, dont on ne trouve aucune trace dans les monuments des autres peuples, est un des traits caractéristiques de l'architecture des bords du Nil. Les Égyptiens employaient les couleurs par teintes plates et sans dégradation; ils ne connaissaient point encore l'art de reproduire les ombres par la diversité des nuances, et se contentaient de peindre toujours les mêmes objets par les mêmes couleurs. Ces peintures n'étaient d'ailleurs destinées qu'à donner plus de richesse et d'éclat aux ornements sculptés d'un édifice, et ce but était suffisamment rempli : le tableau que nous avons sous les yeux peut faire juger de

___

(1) On a dû exagérer les sinuosités du fleuve, afin de le renfermer en moins d'espace, et de lui faire embrasser dans ses contours les ruines les plus importantes de la haute Égypte. Une composition semblable n'exigeait pas, dans la position respective de chaque monument, une fidélité rigoureuse : il suffisait à l'auteur du dessin de disposer les matériaux qu'il avait choisis dans l'ordre le plus favorable à l'effet qu'il voulait produire.

l'effet que devait produire ce système complexe de décoration (1).

Le portique du plus grand temple de Philæ se compose de dix colonnes formant galerie. L'auteur du dessin, pour dégager ici la perspective et laisser au lointain tout l'espace qu'il réclamait, n'a emprunté de ce portique que la partie nécessaire à la composition de son tableau. On y voit cinq colonnes dont trois seulement, celles du milieu, sont entièrement détachées : leurs chapiteaux, décorés avec goût, sont une heureuse imitation de la nature; ce sont des bouquets de plantes indigènes, où il est facile de distinguer les feuilles, la fleur et les boutons du lotus, le jonc, les jeunes pousses du dattier, et d'autres ornements empruntés à la flore égyptienne. Quant aux deux colonnes qui occupent les extrémités du portique et qui ne se montrent ici qu'en partie, elles doivent principalement fixer notre attention : le chapiteau qui les couronne est sans contredit le plus gracieux et le plus svelte qui ait été imaginé par les artistes égyptiens. L'idée première en est pourtant si simple qu'elle doit être regardée comme une bonne fortune plutôt que comme une invention laborieuse et méditée : ce sont huit branches de palmier attachées autour de la campane, et dont les extrémités, recourbées en saillie, dessinent un galbe élégant ; leurs tiges sont fixées au fût de la colonne par cinq bandes horizontales qui semblent être les liens de cette gerbe artificielle. Ce chapiteau, que les savants ont désigné sous le nom de *dactyliforme*, a toute la légèreté du chapiteau corinthien, dont peut-être il est l'origine.

Parmi les nombreuses sculptures qui ornent toutes les parties de ce portique, nous ferons surtout remarquer la décoration de la corniche, qui étant partout la même dans les édifices de l'Égypte, a pris le nom de *corniche égyptienne*. Elle consiste en un fond cannelé au milieu duquel est sculpté un disque entre deux serpents. Ces serpents, que les archéologues nomment *ubœus* ou *urœus*, sont ici représentés la tête dressée et dans une attitude menaçante. Derrière eux se déploient deux grandes ailes qui donnent à l'ensemble de cette décoration un aspect élégant et majestueux.

Au-dessous de la corniche et sur la face antérieure de l'architrave, on a sculpté une barque symbolique dont l'image se trouve fréquemment répétée dans les temples; elle y reparaît presque partout avec plus ou moins de variété dans ses formes allégoriques et dans la richesse de ses ornements : celle qu'on voit ici est des plus simples. Soit qu'elle ait rapport à la migration des âmes, soit qu'il faille y voir un attribut particulier de chacune des divinités de l'Égypte, ce qui expliquerait la diversité de ses formes, cette barque mystérieuse est évidemment un emblème religieux.

Derrière la colonne du milieu, s'élève, bien au-dessus du portique, un obélisque égyptien, décoré de plusieurs bandes de sculptures hiéroglyphiques, tel qu'on en voit encore à Philæ, à Louqsor, à Héliopolis. A gauche et dans le lointain apparaît, dans toute sa hauteur, la grande pyramide de Memphis, que les anciens placèrent au nombre des sept merveilles du monde. En deçà du portique, la gauche du tableau est occupée par un de ces *piliers-cariatides* que nous avons déjà signalés dans le tombeau d'Osymandias : adossée contre le pilier qu'elle semble elle-même soutenir, la statue n'a pas moins de vingt-neuf pieds de haut, sans comprendre dans cette mesure le double socle qui lui sert de base.

Nous voici tout à fait sur le premier plan du tableau : ici notre attention, vivement excitée, se partage entre une foule d'objets qui jonchent le sol dans un désordre apparent, mais où l'art du peintre a réuni un choix bien entendu de ce que l'antiquité égyptienne nous a transmis de plus précieux. Commençons par ce bas-relief colorié qui est appuyé sur les jambes mêmes du colosse, et qui a été copié dans l'une des catacombes de l'île de Thèbes : il représente un joueur de harpe qui semble adresser ses hymnes religieux à la divinité assise devant lui. Une autre scène, absolument semblable, est peinte sur les murs du même tombeau ; ce qui a fait surnommer ce monument souterrain la *catacombe des harpes*. L'examen de ces peintures conduit à penser que l'art musical avait déjà fait de grands progrès chez les anciens Égyptiens : l'une des deux harpes n'a pas moins de vingt et une cordes, et toutes deux sont d'une forme si élégante, qu'aujourd'hui même les facteurs les plus ingénieux de l'Europe y trouveraient encore à imiter. La harpe égyptienne aurait pourtant, sous le rapport musical, un désavantage manifeste; elle était sans *pédales*. Les Égyptiens n'avaient probablement pas encore imaginé cet utile accessoire qui ajoute aux ressources de l'exécution et complète en quelque sorte l'instrument.

Continuons notre examen en avançant vers la droite, et arrêtons-nous devant ce magnifique chapiteau, emprunté au portique du grand temple de Denderah, l'ancienne Tentyris. Si le chapiteau dactyliforme est le plus simple et le plus gracieux de tous ceux que l'Égypte a produits, celui-ci en est sans contredit le plus riche et le plus imposant. Il se compose de quatre têtes d'une proportion colossale, dans lesquelles on retrouve l'image de la Vénus des Égyptiens, qui, au rapport de Strabon, avait en effet un temple à Tentyris. Sur le front de la déesse est disposée en forme de turban une élégante draperie dont les deux extrémités retombent le long des joues. A son cou est suspendu un collier de plusieurs rangs de perles auxquelles se mêlent d'autres ornements précieux. On lui a donné ici des oreilles de vache, parce que la vache était particulièrement consacrée à la déesse Athor, l'*Aphrodite* égyptienne. Ces quatre têtes soutiennent un dé quadrilatère dont chaque côté représente la façade d'un temple, surmontée de la corniche égyptienne.

A la droite de ce chapiteau sont rangées plusieurs pierres de dimensions diverses et couvertes de bas-reliefs coloriés ; on y remarque entre autres un tableau religieux sculpté sous le portique du grand temple de Philæ, et une scène copiée dans les tombeaux des rois, qui paraît relative à l'embaumement des corps.

La plus grande de ces pierres est appuyée à droite sur une tête colossale trouvée dans le tombeau d'Osymandias. Elle est d'un beau granit rose de Syène, et, d'après ses proportions, elle a dû appartenir à une statue de vingt-deux à vingt-trois pieds de haut. Le travail en est délicat et pur; c'est un des monuments les plus corrects de la statuaire des Égyptiens. Cette tête n'est pas cependant le seul morceau de sculpture égyptienne où l'on ait retrouvé cette même correction et cette même pureté; on peut citer encore le débris d'une statue en granit noir, recueilli sur l'emplacement de l'antique Abydus, et un groupe de six personnages découverts dans les fouilles de Thèbes : l'auteur du dessin, pour réunir sous un même coup d'œil les trois produits les plus parfaits du ciseau égyptien, a copié ici ces deux autres fragments. Dans le premier, qui paraît avoir appartenu à la statue d'un jeune prince agenouillé, on a remarqué l'exactitude avec laquelle l'artiste a su assujettir aux conditions anatomiques les formes extérieures des pieds, des genoux et des jambes. Le second morceau est un bloc quadrilatère autour duquel sont adossés six personnages qui se tiennent par la main : il y a une certaine souplesse dans la pose, et de la grâce dans les contours. Les Français avaient résolu de transporter ce monument dans leur patrie : déjà le bloc précieux, charrié près du Nil, était sur le point d'y être embarqué, lorsque des événements militaires brusquement survenus l'ont fait abandonner sur le rivage.

(1) La seconde édition de la *Description de l'Égypte* ne contenant aucune planche en couleur, c'est uniquement dans la vue d'offrir aux souscripteurs un *fac-simile* de ces coloriages remarquables, que M. Panckoucke a peint ce tableau, dont l'original à l'huile a sept pieds de hauteur sur quatre et demi de largeur, et orne sa galerie égyptienne. Cette seule planche peut, pour ainsi dire, les aider à colorier, par la pensée, les neuf cents planches de l'ouvrage de l'Égypte.

Au-devant de ce groupe, l'œil attentif du lecteur s'est déjà fixé sur ce fameux zodiaque de Denderah, qui, à son arrivée à Paris, suscita parmi les savants de si vives contestations chronologiques. Ces débats encore récents lui ont valu une célébrité presque populaire. On a, ce me semble, ajouté trop d'importance au plus ou moins d'antiquité du bas-relief; ce n'est pas là peut-être la solution qui intéresse le plus l'histoire de la science : que cette pierre ait été sculptée par les anciens Égyptiens à une époque plus ou moins reculée, au temps des Pharaons comme au temps des Césars, qu'importe la date, s'il demeure prouvé, si nul ne révoque en doute qu'elle n'a été sculptée que par les Égyptiens mêmes et d'après leurs propres doctrines astronomiques? Ce point principal n'ayant été l'objet d'aucune controverse, il faut nécessairement arriver à cette conclusion, que le zodiaque qui nous a été transmis par la Grèce, et que l'on croyait inventé par elle, a été primitivement emprunté au système astronomique des anciens Égyptiens, puisque nous en retrouvons aujourd'hui tous les éléments dans le planisphère de Denderah : abstraction faite de la différence des styles, ce sont absolument les mêmes signes représentés sous les mêmes figures, dans le même ordre et avec les mêmes attributs. Or, comme il est reconnu que l'astronomie était essentiellement liée aux dogmes sacrés des Égyptiens, on doit presque remonter à l'origine de leurs institutions religieuses pour marquer l'époque de leurs premières observations astronomiques.

Afin de ne rien laisser d'inaperçu dans la description d'un tableau où tout intéresse, il nous reste encore à signaler à la curiosité du lecteur quelques autres objets dispersés sur le sol et qu'il suffira de nommer : derrière le zodiaque se montre une statue colossale à tête de lion, trouvée à Thèbes. A droite et sur le devant on voit un chapiteau renversé qui a été copié dans le beau portique d'Esné, l'ancienne *Latopolis*. Vers la gauche, plusieurs vases égyptiens se font remarquer par l'élégance de leur forme. Cette momie qui fixe principalement les regards est celle qui fut apportée, il y a trois ans, par M. Cailliaud de Nantes, à qui la science archéologique doit ses conquêtes les plus récentes. Cet intrépide voyageur a aussi rapporté, du fond de l'Éthiopie, un oreiller en bois, taillé en forme de croissant, dont se servent encore aujourd'hui les habitants de ces contrées sauvages; il est peint ici à quelque distance de la momie et à la droite d'un papyrus déroulé. On a retrouvé des oreillers semblables dans les sarcophages de l'Égypte, ce qui en fait remonter l'usage à une antiquité reculée. Au-dessus des bras de la momie se montre une tête monstrueuse; c'est l'image du redoutable Typhon, qui, dans la théogonie égyptienne, était le génie du mal et le meurtrier d'Osiris. A sa droite est une *canope*, et un peu plus loin, au pied du vase à deux anses, on aperçoit un scarabée en *lapis-lazuli*. Cette plante, qui s'élève à l'extrémité gauche du tableau, au-dessous de la scène du harpiste, est celle dont la tige précieuse fournissait aux Égyptiens le papyrus.

Notre examen est achevé, et jusqu'ici nous n'avons point encore parlé des personnages vivants qui, groupés çà et là au milieu des ruines, animent à nos yeux cette scène majestueuse. Mais à l'aspect de cet appareil militaire, et sous cet uniforme européen illustré par tant de triomphes, qui n'a d'abord reconnu, qui n'a déjà nommé les généreux vainqueurs des Pyramides, du Mont-Thabor et d'Héliopolis(1)? On les voyait, comme ici, confondus dans un même camp et quelquefois sous la même tente, avec le peuple reconnaissant dont ils étaient venus combattre les oppresseurs. Des ingénieurs français, des membres de l'Institut du Caire, le crayon à la main, dessinent les belles ruines de la Thébaïde, et préparent déjà les éléments de l'ouvrage monumental qui doit immortaliser l'expédition. Ce mélange pittoresque des costumes de l'Asie et de l'Europe était alors pour l'Égypte le présage d'une glorieuse régénération : avenir trop tôt déçu, dont l'Angleterre fit avorter l'espérance, et qui eût aujourd'hui prévenu bien des maux! La civilisation de l'Égypte était pourtant déjà ébauchée, et les Français, en quittant les rivages du Nil, y laissèrent des germes féconds et impérissables. Il est peut-être réservé à la France d'accomplir un jour, par un bienfait, l'œuvre importante à laquelle elle avait prélude par la gloire.   J. AGOUB.

Un CANAPÉ, avec pieds de lion et pieds humains. Ce meuble, ainsi que la chaise et le fauteuil, sont des imitations d'après des peintures trouvées dans les tombeaux des rois à Thèbes. Ces meubles étaient en ébène et en cèdre, incrustés d'or et d'ivoire.

Un Scarabée en granit, seul monument rapporté par Bonaparte sur la frégate qui, à son retour d'Égypte, le débarqua à Fréjus, le 9 octobre 1799 (17 vendémiaire an VIII). Il en fit présent à Denon.

PORTE *à gauche*, Sacrificateur.

Au-dessus, Égyptien vêtu de blanc, jouant de la harpe.

A la droite de la cheminée : coffre de momie, princesse égyptienne, couverte d'hiéroglyphes et de divinités. Sous les pieds se trouvait le tableau inférieur où sont peints deux Persans, les mains enchaînées derrière le dos. Ces deux figures indiquaient certainement les victoires remportées sur ces peuples par le mari de la femme renfermée dans ce sarcophage.

CHEMINÉE.

Divinités et figurines en basalte, en bronze, en porcelaine et en bois.

A gauche, Coffre de momie de femme couvert d'hiéroglyphes, de divinités et de scarabées, peints en relief.

Au bas, Zodiaque manuscrit provenant d'un tombeau.

SUR LA TABLE.

Momie d'une jeune princesse, couverte d'un réseau, scarabée ailé, trois cynocéphales, tête

---

(1) L'auteur du tableau a eu l'idée de représenter l'armée française par un petit nombre de militaires, servant dans une arme différente, et rappelant chacun le régiment auquel il appartenait. Ces soldats d'infanterie entourant un bivouac sortent des rangs des 4e, 21e et 22e demi-brigades légères; des 9e, 13e, 18e, 25e, 32e, 61e, 69e, 75e, 85e et 88e de ligne; les dragons que l'on aperçoit au milieu d'eux représentent les 3e, 14e, 15e, 18e et 20e; quelques hussards du 7e *bis* sont confondus avec des chasseurs du 22e. Ces militaires qu'on voit montés sur des dromadaires font partie du corps qui rendit de si grands services dans cette campagne, et que l'on désignait sous le nom de *régiment des dromadaires*. Ce général, enfin, que l'on aperçoit sur la gauche, derrière les colonnes, c'est Desaix, que les Égyptiens avaient surnommé le *Sultan juste* : il est accompagné d'un bey notre allié; un nombreux état-major le suit.

de Typhon, masque colorié, cheveux tressés, petit coffre doré renfermant un embryon; vase de libation, avec divinités et sacrifices; divers manuscrits, chemise de momie; — masque en bois trouvé dans les tombeaux des rois à Thèbes : les yeux et les sourcils d'émail manquent, ainsi que la coiffure.—Coffre doré renfermant deux ibis embaumés.

La *grande montre vitrée* contient une collection de divinités en bronze, en agate, en porcelaine, de scarabées, vases, oreillers, bagues, colliers en porcelaine, en or, en bronze, en agate, en cornaline, en ivoire et en bois.

Une Colonne portant une Isis, et au revers le bœuf Apis, en rouge antique.

Sous les *deux globes de verre*, fragments de colliers représentant des amulettes, le bœuf Apis, sphinx, éperviers, grenouilles, etc., en porcelaine, en lapis, en agate, etc.

Notice sur les Papyrus égyptiens, par M. Champollion-Figeac.

A. Écriture *hiéroglyphique* ou sacrée, et figures. — Partie du *Livre de la Manifestation*, ou Rituel funéraire. L'âme du défunt fait l'offrande du feu à Osiris, assis sur son trône.

B. Écriture hiéroglyphique et figures.—Disque nommé *hypocéphale*, scènes symboliques funéraires. Ce disque est placé sous la tête des momies.

C. En grosse écriture *hiératique* ou sacerdotale.—Fragment du Rituel funéraire. L'âme du défunt fait l'offrande de pains et de fruits à Osiris, assis, et à Isis, debout.

D. Belle écriture hiératique, avec passages en encre rouge et figures; 8 feuillets du même Rituel funéraire.— L'âme du défunt fait l'offrande du feu à Osiris, assis sur son trône.

E. Écriture hiératique très-fine, ornée de figures; 5 feuillets du même Rituel funéraire.—L'âme du défunt fait ses adorations et ses offrandes aux diverses divinités, afin d'obtenir la vie divine ·

F. Écriture hiératique négligée. — Petit rituel funéraire abrégé, pour la momie d'un mort de basse classe.

G. Écriture *démotique* ou populaire. — Contrat de vente bien conservé; les noms des témoins sont écrits au verso.

H. Écriture démotique. — Notes de recettes pendant sept années différentes : écritures de plusieurs mains.

Salle gothique.

A gauche (Plusieurs émaux encadrés): Crucifiement, grand émail de Limoges, du XVIe siècle; — Vierge, sainte Thérèse, Religieuse, etc., du XVIIe siècle. — Un triptique grec en argent; la Mort de la Vierge, en ivoire, fragment de diptique du XIVe siècle. — Un relief en ivoire représentant Joseph expliquant le songe de Pharaon, du XVe siècle. — Un saint Nicolas, peinture grecque, sous une couverture d'argent. — Le même sujet, étoffe brodée, rehaussée en argent.

FENÊTRES.

VITRAUX. *Premier rang :* Trois vitraux qui peuvent représenter Abailard, Fulbert et Héloïse.

Deuxième rang Deux armoiries; saint Jean et Jésus.

Troisième rang : La Vierge et Jésus, grisaille du XVIe siècle; Adam et Ève, et le Serpent; Cerf et Biche; saint Louis rendant la justice dans le bois de Vincennes.

3

Quatrième rang : Une Vierge martyre, 1660 ; une Abbesse portant la crosse et un reliquaire ; la Vierge et Jésus sur un croissant.

VERROTERIES DE VENISE : Verres en forme de femme, de botte, de cerf, de trompette et de chapeau ; bouteille bleue à côtes, saint ciboire, coupes, salières, carafes de diverses formes, rubanées en blanc, bleu, rose et jaune.

Montre à gauche.—Ivoires : deux Femmes couchées avec un Enfant ; Diptique, forme sphérique, du XVI° siècle : Adoration des Mages et des Bergers ; Manche de poignard, avec Sujets profanes et sacrés, Judith et Holopherne, Persée et Andromède. — Reliquaire enveloppé de cristal de roche, monture du XVI° siècle. — Reliquaire en bois, travail grec, forme de cœur, encadré en argent et en émail vert. — Deux poivrières en coco, Adoration des Bergers et Marchands ambulants, du XVII° siècle. — Croix de filigrane d'argent. — Reliquaire en buis, travail grec moderne. — Une tête de Satyre, en ivoire.

Montre à droite. — Tabatières et bonbonnières en fer damasquiné, rehaussées d'argent en relief. — Huit montres, dont une très-remarquable : à son couvercle sont adaptés une petite boussole, et un cadran solaire pour régler l'heure ; elle est du temps de Henri IV, par Gribelin, à Blois. — La montre en émail représente la toilette de Vénus ; — celle en argent est à quatre recouvrements. — Treize bagues de papes, d'évêques, de chevaliers, etc., etc. — Deux cachets, dont un d'évêque et un de chevalier.

Au *milieu* DE LA FENÊTRE : Un tabernacle en ambre, surmonté d'une Vierge portée sur un croissant, avec bas-relief en ivoire et filigrane en argent. — L'Adoration des Mages. — Deux Pèlerins. — Job et saint Pierre, en ivoire. — Un saint Georges en argent.

Embrasure de gauche et de droite : Chapelets en améthyste, en ivoire, en ébène, avec les sujets de la Passion sculptés en ivoire ; incrustation en nacre et reliquaire terminé par une médaille d'argent de 1509, représentant l'empereur Maximilien, père de Charles-Quint. — Deux bas-reliefs, en ivoire, représentant deux scènes de la Passion. — Deux tableaux sur albâtre oriental, par Labella, représentant l'Adoration des Bergers et des Mages, avec reliques. — Deux sujets mythologiques en émail. — Un relief d'Albert Durer, représentant la Vierge et l'Enfant Jésus couronnés par deux Anges, sculpture sur poirier, avec le monogramme A. D. (Albert Durer) ; de 1518. — Deux bas-reliefs gothiques en marbre provenant d'un retable : Histoire du Christ, Présentation au temple et Entrée dans Jérusalem. — Trois bénitiers, en cuivre, en argent repoussé, en filigrane, avec émaux et pierres de couleur.

TABLEAU DU FOND. — Panorama peint à

l'huile par M. Joannis; sous un porche gothique : Vue du cours de la Seine. — *A droite*, le Village de Caudebec avec son église et son clocher gothique; — *à gauche*, les restes de la célèbre abbaye de Jumiéges, où se trouvait le tombeau d'Agnès Sorel.

A droite DE LA SALLE, sur un petit meuble à colonnes torses : Un coffre en ébène, orné de sculptures en poirier; au-dessus, la Charité avec trois enfants ; autour, les Vertus théologales et cardinales, le tout supporté par quatre Anges. — Un sablier marquant les heures, les demi-heures, les quarts d'heure.

Au milieu : Un tabernacle en marbres variés, avec mosaïque, travail italien ; Vierge en ivoire, travail byzantin, Religieuses et Moine en ivoire; au-dessous, une grande coupe en verre rubané en blanc; verre, et divers vases et verreries de Venise.

A gauche : Une boîte de mariage, coffret en ivoire du XIVe siècle, avec sujets et incrustations puisés dans la mythologie et dans les romans du moyen âge. — Un flambeau en bronze, beau style de la renaissance du XVIe siècle, et un coffret gothique, en fer. — Deux fauteuils, siècle de Louis XIII, avec sculptures de coiffure et habillements de l'époque. — Une crosse d'évêque en émail, travail byzantin du XIIIe siècle.—Une canne d'évêque, dont le pommeau représente le serpent et divers animaux du Paradis; travail italien.

A gauche DE LA PORTE DU FOND : Bénitier de cuivre doré, avec les attributs de la Passion en argent, et la tête de Jésus qui sert de bénitier. —Plaque d'émail de Limoges, du XVIe siècle, représentant le Crucifiement, avec costumes du temps de Henri II. — Trois vidrecomes en verre émaillé, dont un représente les douze Apôtres; un autre vidrecome gravé. — Une carafe à glace, avec les armes de Diane de Poitiers.

A droite : Reliquaire décoré d'agates, de nacre et de coraux. — Deux plaques de lapis-lazuli, représentant sainte Geneviève; travail espagnol. — Un dessus de livre, en trois parties, sujets religieux, en argent repoussé. — Grande buire flamande en grès,

avec chasse à l'ours, fin du XVIᵉ siècle; cinq autres buires, dont quatre en grès gris et bleu, et une en porcelaine blanche rubanée de bleu. — Une cruche en grès, avec les armes des électeurs de Cologne, 1602; une seconde en grès émaillé et colorié, avec portrait d'amiral hollandais du XVIIᵉ siècle; deux petites cruches grès de Flandre. — Un plat de Bernard Palissy, avec couleuvre à collier, lézard, feuilles, glands, coquilla-ges, etc., etc. — Deux plats de Faenza; un petit gobelet représentant l'Amour et une Fileuse. — Aiguière en étain, de François Briot, époque de Henri II. — Un grand plateau de Faenza, représentant Apollon et Marsyas; une aiguière en étain, rehaussée de reliefs, avec un petit plateau. — Deux plats de Bernard Palissy, représentant le Jugement de Salomon et le Baptême de Jésus-Christ.—Un plateau à fruits, découpé à jour.

A droite : Descente de croix en ivoire, relief; une Madeleine pleurant, en ivoire; une Vierge portée sur un croissant, peinte à l'huile par Murillo. — Monument à Héloïse et à Abailard; pyramide en porphyre rouge; Saint en corail; Anges apportant à Lorette la maison de la Vierge, en ivoire; une tête de mort en ivoire. — Dans un petit coffre de bronze sont renfermés un fragment de côte d'Héloïse, et un autre du crâne d'Abailard : ces reliques ont été données à M. Panckoucke par M. Wuyet, qui habitait les Petits-Augustins au moment où l'on ouvrit les deux tombes, et lorsque le monument funéraire fut transporté de la rue des Petits-Augustins au cimetière du Père-Lachaise. — Coffre en jaspe de Sicile, entouré de cuivre; coffret en ivoire, garni en argent, où était renfermé, dit-on, le cœur de saint Louis; coffret émaillé représentant douze sujets, où figure l'Amour, encadrés de cuirs dorés; coffret en ébène et ivoire incrusté; coffret à bijoux en succin, avec médaillons représentant divers dessins. — Meuble avec panneaux en ébène, sculpture à sujets variés.

— Glace avec encadrements en verre bleu et verre taillé. — Croix en argent.

OBJETS EN IVOIRE. Figure de moine sur une colonne en spath fluor, avec chapiteau corinthien en cuivre doré. Reine Blanche et Vénus sortant de l'onde, sur salières en émail de Limoges. — Apollon jouant de la lyre. — Pan jouant de la flûte. — L'Assomption de la Vierge. — Religieuse. — Cinq petites statues : Saturne, Jupiter, Mars, Mercure et Apollon. — Deux enfants qui courent. — Loth et ses deux filles. — Une sainte Madeleine couchée. — Portrait de trois-quarts de Descartes. — Six Saints dans leurs niches. — Enfants qui s'embrassent, sur une colonne de marbre de vert de mer. — Deux Enfants jouant à colin-maillard, par Duquesnois (François-Flamand); saint ciboire, sainte Geneviève, en ébène et ivoire. — Sept tabatières à râpes. — Couteaux et fourchettes à manche d'ambre, de corne et d'ivoire; — peigne gothique avec incrustations en ivoire.

OBJETS EN ÉMAIL. Assiette émaillée à paillons, représentant Assuérus et Esther. — Écritoire avec les portraits de Louis XIV, de Louis XV, de la Dauphine de France et du marquis de Louvois; attributs et ornements, par Lebrun, de la fabrique de Laudin, émailleur à Limoges. — Fragment de guitare. — Tabatière à râpe, avec le sujet de Rachel.

OBJETS EN ARGENT. Vidrecome en argent doré, avec des monnaies incrustées, de Brunswick; au fond, une monnaie ou médaille de 1610, représentant saint Martin coupant son manteau. — Saint ciboire en agate et argent doré; autour, une Chasse au cerf et au sanglier; surmonté d'une perle représentant une tête de profil, rubis, topaze et saphir. — Porte-encens, supporté par un Ange qui offre les palmes du martyre. — Reliquaire en forme de tour, avec quatre petits pavillons, surmonté d'une girouette. —Vidrecome supporté par un Guerrier, appuyé sur son bouclier. — Petite boîte ronde en argent avec couvercle. — Un saint ciboire en coco avec figures dorées.

Sur la Table carrée, à gauche, un vitrail moderne de la fabrique de Fribourg en Brisgaw, représentant saint Laurent, sur un fond de damas bleu, avec un entourage orné, en feuilles.

TABLE RONDE. *Au milieu :* Aiguière en émail, avec son plateau, représentant en grisaille Moïse faisant jaillir l'eau du rocher. — Sur le plateau : Création de la Femme, la Pomme et le Serpent, Adam et Ève chassés du Paradis, Caïn et Abel, par Pierre Rémond. On reconnaît dans tous ces sujets l'école de Raphaël. — Cinq râpes en bois, avec sujets sculptés. — Une coupe en émail, deux salières en émail, représentant les travaux d'Hercule. — Un grand plat en faïence verte vernissée, avec les divers instruments de la Passion (décembre 1511); travail antérieur de plus de vingt années aux premiers essais de B. Palissy.

Salle de Pompeii.

Cette salle est décorée d'ornements empruntés à Pompeii, ainsi que les tableaux qui décorent le bas de la pièce. — Les chambres de Pompeii, très-petites et sans fenêtres, étaient seulement éclairées par le haut. — Les quatre figures volantes sont copiées d'après les quatre parties du jour de Raphaël. — Tableau représentant la vue du Vésuve par M. Joannis ; au bas, Pompeii et ses monuments. Cette ville fut engloutie sous la cendre du Vésuve en l'an 79 (de R. 832), sous le règne de Vespasien. Ce n'est que depuis soixante-dix ans à peu près, qu'on a eu des indices sur son emplacement, qui, pendant près de dix-huit siècles, resta inconnu au monde civilisé.

L'ARMOIRE renferme : — *Premier rang*, Divers objets en bronze et un casque d'une conservation très-remarquable. — *Second rang* : Verreries antiques, vases lacrymatoires, masques, fragments de tête sur verre violet, fragment de griffon sur verre bleu. — Jambes d'un enfant sur verre bleu : ce fragment rappelle exactement la composition du fameux vase de Portland, qui est au musée de Londres. — *Troisième rang* : Lampes antiques en terre, à sujets variés. — *Quatrième rang* : Lampes en bronze. Sur le devant, un Hercule et divers petits animaux en bronze ; une petite tête de Jupiter avec des yeux d'argent, dit Jupiter *Louchon*. Une Victoire en bronze. Contre-marques de spectacle en ivoire et en bronze ; trois dés en ivoire, une bague en ivoire, quatre bagues en fer ornées de sujets en intaille, en agate et en cornaline ; deux bagues en cuivre, deux bagues en bronze avec clefs ; bague en argent avec une clef, et deux camées, dont l'un représente la tête de Socrate, et l'autre un enfant. Dé à coudre ; huit cuillers à sacrifice,

surmontées d'ornements et de petites figures, dont une en argent ; deux clochettes en bronze. — *Cinquième rang*. Quatre pieds de table à griffe, surmontés d'un Sphinx, d'un personnage et d'un Amour. — Monument en terre cuite représentant les trois grands dieux Neptune, Jupiter et Pluton. — Un Sénateur, en terre cuite, tenant la boule et prêt à voter ; dix-neuf clefs antiques de diverses formes et ornements ; trente-deux fibules ou agrafes à manteaux ; deux lames de couteau, un rasoir ; trois attributs, dont deux triples et un simple ; une romaine ou balance ; un poids représentant une femme couronnée de laurier. — *Sixième rang*. Douze lampes en terre ; trois miroirs, dont un avec son couvercle ; trois patennes, une lancette, cachet antique, poignard, fer de flèche, deux grandes aiguilles à passer, en bronze ; quatre styles à écrire, en bronze ; style en ivoire marqué de M et A L.

Au-dessous. — Grande fibule en bronze, javelot, fragments de mosaïque et des murs intérieurs de Pompeii ; moule à lampe, minéralogie du Vésuve ; deux lampadaires en bronze, ou porte-lampes d'une parfaite conservation.

Les DEUX TABOURETS et la TABLE rappellent les formes de ces espèces de meubles tels qu'ils existent en bronze à la salle de bains de Pompeii.

Le dessus de la Table est un fragment de la *Piscina mirabile*, formée par le dépôt des eaux de l'admirable réservoir construit par Mécène, auprès de Naples, pour fournir l'eau à la flotte qui stationnait dans ces parages. Ce fragment est entouré de marbre noir et jaune.

Sur la Table. — Bronze : Dix-huit divinités romaines, un Cerbère et une Sirène ; lampe à sept branches, avec une tête de Bacchus et sept masques antiques ; enseigne romaine représentant une Louve, quatre anses de vase en bronze, tête de Jupiter.

Au-dessous. — Une palmette en bronze, un fragment de décor en marbre rouge antique, avec feuilles et palmettes ; quinze fragments de verres antiques ; un petit tombeau de Pompeii, en marbre blanc, dédié à Fabia Theophila, qui mourut au bout de trois jours ; imitation en liége d'un tombeau situé à la porte de *Pestum* ; treize masques antiques et colliers en lave du Vésuve ; lampe en bronze représentant la tête d'Ésope, couronnée de lierre et supportée par une griffe d'aigle ; autre lampe en bronze, représentant un homme dont les pieds en l'air sont liés ensemble.

Vase antique, en verre, renfermant les ossements d'un corps brûlé.

COLONNE *en albâtre*, surmontée d'une *Roma*, sur un chapiteau corinthien, en bronze. Sur le fût sont gravés les noms des auteurs latins et au-dessous ceux des traducteurs de la BIBLIOTHÈQUE LATINE-FRANÇAISE, publiée par M. C.-L.-F. Panckoucke.

TACITE
C. L. F. PANCKOUCKE.
TITE-LIVE
CORPET. DUBOIS. LIEZ.
VERGER.
CÉSAR
LAYA. ARTAUD.
SALLUSTE
DU ROZOIR.
SUÉTONE
DE GOLBERY.
JUSTIN
LAYA. BOITARD.
QUINTE-CURCE
AUG. ET ALPH. TROGNON.
FLORUS
VILLEMAIN. RAGON.
VELL. PATERCULUS
DESPRÉS.
CORN. NEPOS
DE CALONNE. POMMIER.

VALÈRE MAXIME
PRÉMION.
PLINE LE JEUNE
DE SACY. PIERROT.

PLINE LE NATURALISTE
CUVIER. AJASSON. BEUDANT.
BRONGNIART. DAUNOU.
ÉMÉRIC DAVID. DESCURET.
DOÉ. DOLO. DUSGATE. FÉE.
FOUCHÉ. FOURIER. GUIBOURT.
JOHANNEAU. LACROIX.
LAFOSSE.
LEMERCIER. LETRONNE.
LISFRANC. MARCUS. MONGÈS.
C. L. F. PANCKOUCKE. PARISOT.
QUATREMÈRE DE QUINCY.
ROBERT. ROSIQUET.
THIBAUD. THUROT.
VALENCIENNES. VERGNE.

PÉTRONE
DE GUERLE. HÉGUIN.
APULÉE
BÉTOLAUD.

CICÉRON
AJASSON. AGRANT.
ANDRIEUX. BOMPART.
CHAMPOLLION-FIGEAC.
CHARPENTIER. CHEVALIER.
GRESLOU. DE GUERLE.
DELCASSO. DE GOLBERY.
CH. DU ROZOIR. GUEROULT.
LIEZ. MANGEART. MATTER.
C. L. F. PANCKOUCKE.
PERICAUD. PIERROT.
EUS. SALVERTE. STIÉVENART.

QUINTILIEN
ODIZILLE.
SÉNÈQUE LE PHILOS.
AJASSON. BAILLARD.
CHARPENTIER.
DUPATY. DU ROZOIR.
HÉRON DE VILLEFOSSE.
NAUDET. E. PANCKOUCKE.
ALPH. TROGNON.
DE VATIMESNIL.
A. DE WAILLY. G. DE WAILLY.

PLAUTE
NAUDET.
TÉRENCE
AMAR.
SÉNÈQUE LE TRAGIQUE
GRESLOU.

PHÈDRE
ERNEST PANCKOUCKE.

VIRGILE
AMAR. CHARPENTIER.
FÉE. PARISOT. VILLENAVE.
HORACE
AMAR. ANDRIEUX. ARNAULT.
BIGNAN. CHARPENTIER.
CHASLES. DARU. FÉLETZ.
DE GUERLE. HALÉVY. LIEZ.
NAUDET.
C. L. F. PANCKOUCKE.
E. PANCKOUCKE.
DE PONGERVILLE. DU ROZOIR.
ALPH. TROGNON.
JUVÉNAL
DUSAULX. PIERROT.
PERSE
PERREAU.

OVIDE
CHAPPUYZI. CHARPENTIER.
RUBETTE. GROS. CARESME.
HÉGUIN. MANGEART. VERNADÉ.
LUCRÈCE
DE PONGERVILLE.
LUCAIN
CHASLES. COURTAUD. GRESLOU.
CLAUDIEN
HÉGUIN. ALPH. TROGNON.
VALERIUS FLACCUS
CAUSSIN DE PERCEVAL.
STACE
ACHAINTRE. BOUTTEVILLE.
NISARD.
SILIUS ITALICUS
CORPET. DUBOIS.

MARTIAL
DUBOIS. MANGEART. VERGER.

PROPERCE GALLUS
GENOUILLE.
TIBULLE CATULLE
VALATOUR. HÉGUIN.

PUBLIUS SYRUS
CHENU.

M DCCC XXV — M DCCC XXXVI.

Salle d'Atala,

renfermant une collection d'armes, casse-tête, flèches, parures, et d'objets sculptés par les sauvages.

A droite, en entrant : Arcs et flèches, un poignard malais, à lame flambante, gaîne en bois ; harpe de la Cafrerie sur un morceau de roseau ; carquois indien en cuir, garni de ses flèches ; paire de lunettes en bois que les habitants du Kamtschatka emploient pour préserver leurs yeux des effets de la neige ; pipe indienne en marbre rouge ; pipe ou calumet de paix, de la mer du Sud. — Trois tabliers de femmes hottentotes en verroterie ; ornements sauvages en plumes et gris-gris ; masque de guerre de la Californie ; épée à trois branches des îles Sandwich, garnie de dents de requin ; autre épée formée de la portion du nez du poisson nommé la *scie*. — Une houe à labourer, des îles d'Otaïti ; — hache en pierre trouvée en Bretagne ; — lasso dont les habitants de l'Amérique espagnole se servent à la chasse ; — colliers sauvages ; — peignes, hameçons, flûte, flèches, carquois et lances du Brésil. — Oreillers en bois ; une divinité des îles Sandwich, servant de prouc à une pirogue ; une pagaye sculptée avec une très-grande délicatesse ; quatre tomawacks ou casse-tête sculptés avec goût ; une hache formée d'un caillou tranchant enchâssé dans un morceau de bois, lié par une corde de coton : premier instrument de la civilisation sauvage. — Un sceptre et une flûte d'Otaïti ; — un bouclier cafre, couvert de coquillages distribués avec symétrie et élé-gance ; dents de lion, un chasse-mouches de Java en plumes de paon. — Vase antique du Pérou ; rame ou pagaye ; un bouclier en bois d'une forme remarquable, décoré tout autour de cheveux des ennemis vaincus ; corbeille ronde tressée en jonc, d'une grande finesse.

Sur la PEAU DE LION : Deux manteaux des îles des Amis, en coton, décorés de tiges de roseaux ; deux manteaux en feuilles de bananier ; un coupon d'étoffe tissue d'écorce d'arbre de Madagascar ; une chemise d'habitant du Kamtschatka, formée d'intestins de phoques, décorée de petites mouchetures de laine rouge.

A gauche, en entrant : Une sarbacane de Malais, armée d'une lance avec un carquois renfermant des flèches empoisonnées ; harpon à trois branches des Samoyèdes ; rame à deux pointes des îles Fitz-Gées ; coffre carré à deux anses, couvert de sculptures et de divinités ; coffre oblong avec deux divinités aux extrémités ; coupe oblongue en bois, supportée par deux figures avec des yeux en nacre et des dents en os ; cuillers en coquille et en corne ; brodequins brodés en plumes de perroquet ; boîte en paille ; tambour ; divinités péruviennes ; instruments de pêche, appeaux figurant divers objets, des poissons, un petit ours blanc, un phoque, des couteaux, une pêche à la baleine, sculptés par les habitants du Kamtschatka, et rapportés par M. Choris, de son voyage autour du monde.

Escalier.

TABLEAUX.

A gauche.

Gérard. — Une Junon ; fragment d'un tableau du Jugement de Pâris, que ce grand
artiste n'a pas continué, et dont il a détruit
les autres parties.

Wicar. — Huit dessins au crayon, d'après
les grands maîtres de l'école italienne.

Inconnu. — Cinquante - neuf portraits des
peintres et sculpteurs les plus célèbres de
l'Italie.

C. Jordaens. — Le Satyre et le Paysan, fable
d'Ésope.

David. — Copie : Horace prêtant serment.

Van Goyen. — Paysage.

Bent (Jean Vander).— Halte de Cavaliers aux
pieds d'une statue ; bestiaux sur le devant.

Gryff. — Oiseaux divers, nature morte.

A droite.

Inconnu. — Deux marines.

Martin. — Louis XIV passant le Rhin.

Horace Vernet. — Copie : un Grenadier
français sur le champ de bataille de Wa-
terloo.

Drielst (E. Van). — Un Clair de lune : Vue
de Hollande.

Raulin (A). Quatre vues de Rome : le Colysée,
Temple de Vénus, Palais des Césars, Arc
de Triomphe.

Inconnu. — Grande route dans un paysage.

Horace Vernet. — Copie par M. Blanc : La
barrière de Clichy défendue par le maré-
chal Moncey, son fils, le colonel Odiot, etc.

Gérard. — Copie des cinq Amours qui représentent les cinq Enfants de madame de Ca-
raman, autrefois madame Tallien.

Pièce en face l'escalier.

Tous les tableaux de cette salle sont peints
par M. C.-L.-F. Panckoucke.

Schweback (d'après). — Neuf études de chevaux. — Dix peintures sur porcelaine. —
Un fixé, Cavalcade.

Taunay (d'après).—L'Impératrice Joséphine
faisant l'aumône à un jeune bûcheron. —
Un Chasseur de la Garde impériale au milieu
d'une bataille. —Un Marchand de chevaux.

Bertin (d'après). — Un fixé, paysage, Vue
d'Italie. — Une vallée et un torrent.

Roehn (d'après). — Une Vivandière et Soldats espagnols.

Van Dyck (d'après). — Charles Ier enfant.

Rubens (d'après). — Tête de Satyre et portrait du duc de Buckingham.

Paul Potter (d'après). — Une Brebis.

Lesueur (d'après). — Un Évêque recevant
saint Benoît. — Un Enfant de chœur. —
Une Tête de vieillard.

Lordon (d'après). — Atala communiant.

Gérard (d'après). — Songe d'Ossian.

Mozin (d'après). — Une Marine.

Ruisdaël (d'après). — Un grand paysage,
Forêts, Étang et troupeaux de Vaches.

AQUARELLES.
par le même.

D'après *N. Fielding, Devéria, Haudebourg
Lescot.*

COMPOSITIONS. — Un Confessionnal. — Une
Femme avec ses deux Enfants au tombeau de

son mari, mort à la Terre-Sainte ; effet de lune et de lumière. — La grotte de Pausilippe à Naples : Un Capucin donne sa bénédiction à une Famille napolitaine.

Passage.

Watteau. — Portrait de la célèbre danseuse la Camargo.

De Marne. — Laitière sur un Ane passant un gué.

Van Brée. — Un Sauvage et sa Famille descendant le Mississipi sur un radeau.

Dubuffe (d'après). — Une jeune Femme couchée.

Vue de la Cour du palais de Venise, derrière l'église Saint-Marc.

Galerie de tableaux.

A gauche. — 1re TRAVÉE.

Ziesel. — Fleurs dans un bocal ; Nid rempli d'œufs (peinture sur verre).

H. Bellanger. — Retour d'un Soldat dans sa famille.

2e TRAVÉE.

Van Dyck (d'après). — Portrait de Van Dyck.

Inconnu. — Un Amour. Tête de Vierge.

Horace Vernet (d'après). — Un Écossais combattant.

Hemskerck. — Femme buvant avec trois Fumeurs.

C. Peyre (Madame). — Vue des ruines du château de Clisson, de la maison de M. Lemot, statuaire, et du Tombeau qu'il a fait élever.

Otto Marcellis. — Un Tronc d'arbre, Chardons, Papillons et Couleuvres, 1670.

Heem (Corneille de). — Fruits et Coquilles dites nautiles, et Vidrecomes.

3e TRAVÉE.

Desportes. — Faisans, Canards, Bécasses, Perdrix et Chiens de chasse.

Van der Poël. — Paysans hollandais jouant à pair ou non.

Espagnolet. — Saint Marc écrivant son Évangile.

Inconnu. — Voûte d'église et Maître-Autel en ruine.

4e TRAVÉE.

Valentin. — Les cinq Sens.

Tesnières. — Paysage : Vue d'une Ferme et Rivière ; une Auberge sur le devant ; des Fumeurs à table et une Servante.

Van Brée. — Un Panier, rempli de Fleurs et portant un Nid d'oiseaux, attaché au tronc d'un arbre.

5e TRAVÉE.

Inconnu. — Un grand Paysage.

Van der Poël. — Une Famille hollandaise autour d'un foyer, au dehors d'une maison, 1655.

Lecœur. — Deux Religieuses à une fenêtre.
Raphaël (d'après). — Saint Michel terrassant le Démon.
Schmitz. — Paysage : Clair de lune.
Tal (Manière de *Van*). — Vieillard lisant la Bible.

6ᵉ TRAVÉE.

Tilbord. — Un grand nombre de Paysans et de Paysannes hollandais sont à table ; une Femme assise, qu'écoutent avec intérêt les assistants, raconte une histoire ; son Mari, à une fenêtre, paraît mécontent de ses indiscrétions ; sur le devant, plusieurs personnages, et détails de cuisine d'une grande perfection.
Abraham Vandière. — Des Animaux de toutes espèces, volatiles et quadrupèdes, sortant de l'Arche avec la famille de Noé, 1607.
Caskels. — Vue de l'embouchure d'une rivière et d'un petit port de mer.
Laurencel. — Vue d'une baie à Sorrente, et d'une ruine.
Volers (le Chʳ). — Incendie d'un château au bord de la mer, et Clair de lune.

7ᵉ TRAVÉE.

Giraudet. — Tête de Nègre coiffée d'un turban.
Mignard. — Portrait d'une des sœurs de Louis XIV.
Inconnu. — Un jeune Homme ou une jeune Femme, couvert d'une cuirasse et coiffé d'une toque à plumes.
Franck. — Noces de Cana.
Inconnu. — Une diseuse de bonne aventure.
Adrianssen (Alexandre). — Perdrix, Serins, Bouvreuils, Mésanges, Carpes, verres et cruche à bière *en grès.*

8ᵉ TRAVÉE.

Poussin. — Jugement de Salomon. Ce tableau, peint sur coutil, paraît être un double, peint par ce grand maître avec quelques changements, du tableau qui est au *Musée.*
Inconnu. — Grand paysage : Roche et chaumière, au bord d'un ravin.
Guaspre Poussin. — Vue du castel Gandolfo et du lac Némi, près de Rome.
Paul Véronèse (d'après). — Festin d'Emmaüs.

9ᵉ TRAVÉE.

Mignard. — Portrait de Femme.
Van Dael (d'après). — Réunion de fruits.

Lesueur. — Une Nymphe nue, assise, brûlant les ailes de l'Amour.
Van Dael (d'après). — Copie : Réunion de fleurs.
Van Spaendonck. — Oreilles-d'ours et Renoncules.

10ᵉ TRAVÉE.

Corneille d'Haarlem. — Jugement dernier.
Poussin. — Vénus couchée dans un bocage, et deux Amours.

PREMIÈRE FENÊTRE.

11ᵉ TRAVÉE.

Premier vitrail. — Deux Guerriers suisses ; en haut, une bataille.
Deuxième vitrail. — Une Femme prise dans une nasse ; trois Hommes dansant au carnaval. Casque et écusson, 1560.

TABLEAUX.

H. Vernet (d'après). — Chasse aux canards.
Duménil (Madame). — Un Amour.
Schweback. — Fête de Village, charrette sur le devant.
David (d'après). — Bélisaire. — Serment des Horaces.

12ᵉ TRAVÉE.

Inconnu. — Un grand paysage : Vaches.
Lecœur. — Deux Soldats à la salle de police.
Jaquin (Madame). — Bouquet de Marguerites.
Tanneur. — Marine.
Horace Vernet (d'après). — Régiment de grenadiers par une averse.
Duménil (Madame). — Portrait de Mad. P.
Bertin (d'après), par *Madame Peyre.* — Paysage.
Horace Vernet (d'après). — Départ pour la chasse.
— Paysage.

DEUXIÈME FENÊTRE.

Premier vitrail. — Grisaille et fond jaune, représentant un âne qui chante en costume de prêtre, à la messe des fous. Du XVᵉ siècle.
Deuxième vitrail. — Trois personnages : Assuérus, Esther et Mardochée.
Troisième vitrail. — Éducation de la Vierge.
Quatrième vitrail. — Saint Mainrad, fondateur de l'abbaye d'Einsilden, assassiné par deux brigands que vont faire découvrir les

deux corbeaux accusateurs élevés par Mainrad, et au fond la ville de Rapersweil, sur le
lac de *Zurich*.

13ᵉ TRAVÉE.

Laanen (Genre de *Van der*). — Femmes et
Hommes en costume hollandais.
Tanneur. — Marine.
Peyre (Madame). — Paysage et Moulin.
Lebrun. — Junon déchaînant les Vents pour
    détruire la flotte d'Énée.
Inconnu. — Un jeune Homme.
E. Panckoucke (Madame). — Bouquet d'œil-
lets variés.
Raphaël (d'après). — Tête de saint Michel.
De Varennes. — Deux vues de forêts : troncs
d'arbres, vaches, et bergère endormie.

TROISIÈME FENÊTRE.

Premier vitrail. — Saint Jean et saint Chry-
sostome, 1689.
Deuxième vitrail. — La Vierge, un Roi et
une Religieuse.

TABLEAUX.

H. Vernet (d'après). — Quatre copies.
Van Kessel. — Saint François *prêchant* les
poissons.

14ᵉ TRAVÉE.

André Solario. — La Vierge nourrissant
Jésus.
Inconnu. — Une Femme et deux Enfants.
H. Bellanger. — Bataille des Pyramides, et
le Pont d'*Arcole*, 1823.
— Une Femme coiffée d'un madras.
— Copie du tableau de la galerie égyptienne.

QUATRIÈME FENÊTRE.

Premier vitrail. — L'Espérance et la Cha-
rité.
Deuxième vitrail. — Assomption de la
Vierge.

TABLEAUX.

Mallebranche. — Brouillard d'automne ; pas-
sage de troupes sur une grande route.
— Grande route pavée et Chaumière.
Bouton (d'après). — Deux intérieurs.
Rohen. — Soleil levant derrière Montmartre.

15ᵉ TRAVÉE.

Ziezel. — Tableaux de fleurs sur verre.
Raverat. — Esquisse du plafond du cabinet.

SALLE CONSACRÉE A TACITE.

M. Panckoucke, dès l'année 1803, avait publié quelques fragmens de Tacite; la traduction qu'il avait faite des œuvres complètes était même déjà terminée, et le manuscrit, entièrement de sa main, est placé dans la bibliothèque qui renferme dans cette salle les diverses éditions de ce grand historien.

De vastes entreprises commerciales ont dû retarder la publication de tout l'ouvrage, que le traducteur revoyait sans cesse et couvrait de corrections très-nombreuses comme l'atteste le manuscrit même.

En 1824, il publia la *Germanie* avec un nouveau commentaire extrait de Montesquieu et des principaux publicistes. On citera la première page de l'Introduction :

Tacite, en écrivant cet ouvrage sur les Germains, et en traçant les mœurs de ces peuples, avait les yeux sur les Romains, dont il a fait connaître l'histoire au temps où il existait : peignant avec vérité ces nations encore sauvages et dans l'enfance, et sans vouloir les placer au-dessus des peuples polis par la civilisation, il reproche indirectement aux Romains leurs dissolutions et leur oubli des usages antiques; il ne loue point cependant ces Barbares avec complaisance, il célèbre leurs défaites et se réjouit de leurs discordes : mais Tacite, aimant sa patrie comme les premiers Romains l'avaient aimée, y voulait rappeler les vertus qui fondèrent sa puissance, et la ramener à la sévérité de ses premières coutumes. En même temps que cet ouvrage sur les Germains est la satire de la dissolution des mœurs romaines, il est un éloge des mœurs austères et pures qui établirent la grandeur de la république, tandis que leur dépravation amena successivement sa décadence, dont Tacite indique déjà la plupart des causes; ainsi la pensée se reporte au moment de cette grande catastrophe, et une lecture réfléchie de cet écrit peut faire embrasser, pour ainsi dire à la fois, ces trois grandes époques de l'histoire de la république romaine.

En 1831, parurent les deux volumes de sa traduction des *Histoires*, et de cette époque à 1838 les trois volumes des *Annales*.

En 1839, le traducteur a publié le tome VII qui renferme un nouvel Index composé avec les phrases mêmes de sa traduction de Tacite, une Notice sur 32 manuscrits avec *fac-simile*, et de plus, une nouvelle Bibliographie des éditions de Tacite.

Ce culte pour le prince des historiens (dit M. Panckoucke) m'a engagé à réunir toutes les éditions qui ont été faites de ses ouvrages, et j'en ai formé une collection que je visite souvent, comme un homme pieux se rend à son oratoire. Là sont classées par ordre chronologique les éditions et les traductions de Tacite, de toutes les époques et de tous les pays.

Cette bibliographie est la plus complète qui jamais ait été faite pour un ancien auteur : elle renferme MILLE CINQUANTE-CINQ ÉDITIONS de Tacite.

La notice de ces éditions est imprimée et placée dans la bibliothèque. La plus grande partie de ces nombreuses éditions est réunie dans le meuble de marbre blanc, où l'on remarquera particulièrement l'*édition princeps* de *Béroalde*; l'édition de 1534 *des Alde*; la traduction de Philippe V; les notes manuscrites de *Naigeon*; les traductions françaises, allemandes, italiennes, espagnoles, anglaises, etc.

Aux deux parties latérales de la Bibliothèque sont placés les camées en marbre des douze *Césars*.

Au-dessus, en marbre blanc, le Tibre, la Louve, Romulus et Rémus ; quatre colonnettes avec figures en bronze et vases en marbres variés ; quatre vases *grecs* sur colonnes.

Sur la table, deux bustes, en marbre blanc, de Caligula et de Néron ; fragment de mosaïque, rapporté par M. Panckoucke, du palais de Tibère, dans l'île de Caprée ; coquilles de l'île de Caprée.

De plus, en visitant les champs de bataille de la Germanie, les Longs-Ponts et les villes sur le Rhin, il a rapporté ces morceaux d'ambre qui renferment des insectes terrestres ou ailés, tels que les décrit Tacite. Au-dessous est inscrit ce passage de la *Germanie :*

Sed et mare scrutantur, ac soli omnium succinum, quod ipsi *glesum* vocant, inter vada atque in ipso litore legunt : nec, quæ natura, quæve ratio gignat, ut Barbaris, quæsitum compertumve : diu quiu etiam inter cetera ejectamenta maris jacebat, donec luxuria nostra dedit nomen : ipsis in nullo usu : rude legitur, informe perfertur, pretiumque mirantes accipiunt. Succum tamen arborum esse intelligas, quia terrena quædam atque etiam volucria animalia plerumque interlucent, quæ implicata humore, mox, durescente materia, cluduntur.

«Ils fouillent même la mer, et, seuls de tous ces peuples, ils recueillent, au milieu des bas-fonds, et sur le rivage, le succin, qu'ils nomment *gless.* Sa nature, la manière dont il se produit, n'ont été, chez des Barbares, l'objet d'aucune recherche, d'aucune découverte ; longtemps même il resta confondu au milieu de tout ce que rejette la mer, jusqu'à ce que notre luxe lui eût donné une réputation. Il n'est donc d'aucun usage pour eux ; ils le recueillent brut, nous l'apportent sans le préparer, et s'étonnent du prix qu'ils en reçoivent. On doit croire cependant qu'il est le suc de quelques arbres, parce qu'on aperçoit, au travers, des insectes terrestres, et quelquefois même des insectes ailés : embarrassés d'abord dans cette matière lorsqu'elle est fluide, ils y restent enfermés lorsqu'elle est durcie. »

(GERMANIE, ch. XLIV.)

Le traducteur, dans l'Introduction des *Histoires*, tome IV des OEuvres de Tacite, s'exprime ainsi :

Il me restait à visiter les lieux qu'il a décrits, je voulus suivre Agricola dans son expédition en Bretagne, et fouler le champ de bataille de Galcagus. J'ai donc visité l'Angleterre et l'Écosse ; j'ai vu ces contrées dont l'aspect général n'a point changé depuis la conquête des Romains : ce sont ces mêmes montagnes, ces mêmes lacs d'eau salée ; j'ai recueilli des perles de Calédonie, que décrit Tacite, et que son beau-père Agricola lui avait sans doute rapportées.

Sur la TABLE *à gauche :* Perles et huîtres *perlières.* On lit au-dessous le passage suivant de Tacite :

Gignit et Oceanus margarita, sed subfusca ac liventia. Quidam artem abesse legentibus arbitrantur : nam in Rubro mari viva ac spirantia saxis avelli, in Britannia, prout expulsa sint, colligi : ego facilius crediderim, naturam margaritis deesse, quam nobis avaritiam.

« L'Océan y produit aussi des perles, mais ternes et livides : on a pensé qu'il fallait en accuser l'inhabileté des pêcheurs ; car, dans la mer Rouge, on arrache des rochers les coquilles mères vivantes et respirant encore, tandis qu'en Bretagne on les ramasse à mesure qu'elles sont amenées par les flots ; moi, je croirais que ces perles manquent de qualité plutôt que nous d'avarice. »

(AGRICOLA, ch. XII.)

Ces deux citations sont extraites de la traduction de M. Panckoucke.

SALLE CHINOISE.

Cette salle est décorée de vieux laques de Coromandel couverts d'oiseaux variés, de paons, faisans dorés et argentés, perroquets, canards, etc.; la partie de droite représente des Chinoises exécutant des danses sur un tapis, accompagnées par des musiciens sous un *kiosque*; des personnages jouant aux dames; une barque; un pont; des jeux d'enfants; saules pleureurs; corbeilles de fleurs. La partie en face est fermée par un paravent en vieux laque de Coromandel, orné de fleurs, fruits, vases, coquilles, signes du zodiaque en intaille colorié, d'oiseaux et de fleurs, papillons peints sur gaze de Chine, attributs divers; et de dix tableaux sur papier, représentant les scènes de la vie intime des familles *chinoises*.

A gauche, en entrant: Petit cabinet à douze tiroirs en laque, renfermant plusieurs manuscrits chinois et des autographes des missionnaires à la Chine, provenant du cabinet de M. Bertin. — La sentence du Père *Joan Moraon*, en *chinois* et *latin*; trois lettres du Père *Yang*, 1776, et une lettre du Père *Ko*, 1769, à M. le ministre Bertin.

CHEMINÉE.

Deux glaces de Venise qui ont été transportées à la Chine et couvertes de peintures dans les parties dont on a enlevé l'étamage. Ces peintures chinoises représentent quatre jeunes filles avec des costumes variés et des coiffures d'une grande élégance. — *Sur la cheminée:* Deux flambeaux chinois en laque, deux autres en bronze, sept figures en ivoire, etc.

Quatre FAUTEUILS et deux TABOURETS CHINOIS en bambou.

Montre à gauche. — Une femme chinoise avec son habillement complet. — Six tasses et une boîte ronde en laque; une boîte de jeu en laque; une petite cage à insectes en bambou; une boîte carrée, en laque d'or, avec oiseaux et papillons, renfermant treize autres boîtes de forme variée.

Sur la TABLE VERTE, de forme chinoise. — Cuvettes et vases de l'Inde en émail, deux figures chinoises en bois; un mendiant en pierre de lard; un escamoteur en pierre de lard; un brûle-parfum en laque et étain. — Sous verre, un jardin chinois avec rochers, citadelle, tour, pont, pavillon, en pierre de lard. — Vingt-deux tasses, dont plusieurs à couvercle, deux en *craquelé* rose, une avec le dragon vert. — Corbeille à jour en ivoire. — Service de dessert en porcelaine chinoise; trois brûle-parfums, forme de divinités chimériques.

A droite de la TABLE. — Un secrétaire en laque, avec un paysage en coquilles nacrées, fleurs autour. — Un masque chinois, yeux et bouche mobiles, et barbe blanche. — Un chapeau à crins rouges; un costume en satin broché soie et or, décoré de lions et de dragons; ceinture en plaques d'écaille; costume de dessous en soie noire brochée.—Pantoufles, souliers et bottes en satin.

Montre à droite. — Plumes de la queue d'un oiseau de la Chine nommé la *lyre*. — Un Chinois en costume complet; coupe en pierre de lard brune et jaune; une bonbonnière en écaille et laque rouge, avec fleurs et fruits en intaille; tasse en bois sculpté, garnie en argent; boîte à thé en émail; corne de rhinocéros servant de vase; une *idem*, sculptée, à fleurs et dessins, avec anse : les Chinois croient qu'aucune boisson ne peut nuire, étant prise dans ces sortes de vases. — Dix tasses en porcelaine variée; neuf théières de formes variées, en bocaro; une théière en nacre; une autre en laque; une *idem*, recouverte par un tissu de fils d'argent; assiettes variées; théière en faïence verte. — Une boîte longue, dont le dessus est décoré de cinq figures, de deux hérons, de palmiers, rochers, soleil et nuages, reliefs en pierre de lard, en nacre, cristal, agate, marbre et malachite. Ce coffre renferme quinze albums chinois en *moelle de sureau*, qui représentent les costumes de ville et de cour; divinités, jeux d'enfants, supplices, occupations des femmes, marchands, pêcheurs, meubles, oiseaux, papillons, fleurs et fruits; scènes d'intérieur. — Boîte de couleurs en laque; une grande corbeille de voyage en bambou tressé.

Deux TABOURETS en porcelaine, octogones.

Sur la TABLE CARRÉE. — Un coffre rond de bambou, avec les articles du code criminel chinois inscrit sur de petites flèches en bambou; une grande pierre de lard à plusieurs couches, avec paysage sculpté; deux figures chinoises en porcelaine; quatre figures en pierre de lard; un coffre long en bambou, incrusté de fleurs en nacre; une pagode chinoise en nacre, à huit étages, avec personnages intérieurement, en pierre de lard. — Une petite boîte de vieux laque, double fond, avec un petit coq, renfermant des cadenas chinois. — Petite boîte longue en bois, décorée de personnages, de fleurs et fruits en relief. — Un optique. — Deux boîtes plates en laque, avec le dragon à cinq griffes, garnies intérieurement en taffetas jaune, couvert de caractères chinois (1); une petite jonque allant à ressort, en laque; une jonque en ivoire, avec ses personnages; un livre couvert en bois, avec peintures de divinités sur feuilles d'érable desséchées. — Une ligne à pêcher, en bambou et corne, avec ornements; une canne chinoise couverte en écaille. — Une boîte à ouvrage

en laque, sur quatre pieds, avec tous les accessoires en ivoire; elle contient, de plus, les décorations, sur satin brodé, des hommes de guerre et des hommes de lettres. Une bourse brodée en soie et or; un bonnet de petite fille; des échantillons de papier de moelle de sureau de toutes couleurs. — Un plateau de dessert, carré, en laque rouge, avec cinq petits poissons mobiles.

SOUS LA FENÊTRE, une montre vitrée contenant une parure de tête de femme en filigrane d'argent; fleurs en pierres fines et perles, dragon, écureuils et papillons. — Un étui en ivoire sculpté, représentant diverses scènes; un éventail en ivoire; un autre en bois de santal; un en gélatine; une gaîne de couteaux et de fourchettes; une en laque et émail, avec couteaux et bâtons servant de fourchettes; une fourchette en argent; sept petits flacons variés, en pâte de riz, servant de tabatières; un flacon en cristal, avec paysage et caractères peints intérieurement; un petit cachet en pierre de lard; un jeu de cartes chinois; une bourse en satin noir, avec caractères en blanc; un miroir chinois; un bouquet de fleurs, parure de dame en fleurs et papillons, formée de pierres fines taillées, de perles, etc.; une bonbonnière en tonquin et en fer bruni, figures rehaussées en or; une tasse en argent doré, avec couvercle en filigrane.

Un coffre en laque et burgau; un grand plateau rond en laque rouge, avec un faisan argenté; un parasol; divers instruments de musique. — Lapins et animaux chimériques en pierre de lard et en porcelaine. — Une boîte longue en laque, couverte d'éventails en burgau et laque doré. — Un sabre chinois, avec les caractères de longévité; un arc et un bouclier. — Modèle d'un pied de femme chinoise : enveloppés dès la naissance de l'enfant de bandelettes de plomb, les doigts se replient sous le pied, et tout développement devient impossible. Cette coutume, que l'on attribue à la jalousie des Chinois, n'est point suivie par les Tartares Mantchoux, qui ont envahi la Chine et y règnent aujourd'hui. Les femmes chinoises ne portent point de bas. — Trois souliers de femmes chinoises. — Un trictrac chinois.

Sur la TABLE VERTE, à droite de la fenêtre. — Deux coffrets à bijoux en laque et burgau; un jardinier en pierre de lard; une divinité

---

(1) Le dragon à cinq griffes et la couleur jaune sont réservés à la famille impériale.

avec ses offrandes ; cinq tasses de laque ; un bougeoir en laque et cuivre doré, sous verre ; deux boîtes à thé ; un jeu de dames ; une tasse en porcelaine à double enveloppe, celle de dessus est en treillis de porcelaine à jour ; assiettes variées ; pièces d'artifices chinoises ; une boîte à ouvrage en laque, à compartiments, avec tous ses accessoires, et couverte de dessins en or.

TABLE RONDE chinoise en laque ; une *chaufferette* de femme avec sa boîte en laque ; une écritoire en vieux laque, avec ses pinceaux pour écrire ; porte-pinceaux en cristal ; écritoire moderne en pierre de lard ; huit bâtons d'encre avec figures et caractères dorés ; encre de Chine rouge et blanche. — Trois almanachs impériaux, contenant les noms et titres des officiers de l'empire, etc. — Une planche de caractères en bois avec son impression ; elle renferme l'annonce des drogues d'un pharmacien chinois. C'est par ce procédé que s'impriment tous les livres de la Chine ; les caractères, en relief, sont sculptés avec une rapidité extraordinaire, et la gazette de Pékin est imprimée ainsi chaque nuit. Les livres chinois se lisent en commençant par la dernière page ; l'impression se fait toujours sur papier double ployé, et jamais la tranche du livre ne peut être coupée ; on ne rogne que celle qui fait, en Europe, le dos du livre. — Auprès de la planche d'impression se trouve une petite boîte de calcul, qui est entre les mains de tous les marchands de la Chine ; ce calcul, connu de temps immémorial, est le calcul décimal, adopté depuis peu dans les pays civilisés de l'Europe. — Auprès, une boussole : la découverte en fut faite à la Chine plusieurs siècles avant qu'elle n'eût été inventée à Amalfy, près de Naples.

PLAFOND.

Grands Paysages de la Chine.

Dans le cabinet à droite de la cheminée. — Collection de voyages et de descriptions de la Chine, contes chinois, cartes de géographie. — Planches coloriées représentant la vie du mandarin, la culture des vers à soie et du thé. — Jonques variées, jeux de saltimbanques, marchands ambulants. — Deux tableaux chinois sur marbre ; trois tableaux sur bois avec figure en relief, en pierre de lard ; deux tableaux sur satin ; douze tableaux chinois ; une procession chinoise et pêche d'un étang ; une jonque chinoise en bois ; un cadre de miroir en laque ; neuf écrans chinois, avec caractères, figures, oiseaux, papillons et fleurs.

GRANDE SALLE
du
REZ-DE-CHAUSSÉE.

Cette salle et la suivante contiennent une collection de quatre cent vingt vases et coupes grecs, réunis par M. Panckoucke. (Voyez le Catalogue ci-joint). Les vases sont classés par ordre de divinités, de demi-dieux ou de héros. La série la plus remarquable est celle d'Hercule, qui comprend tous ses travaux dessinés sur vingt-cinq grands vases, six vases moyens et cinq coupes. A cette collection, que M. Panckoucke va publier sous le titre d'*Héracléide*, se joignent deux vitraux, dont l'un représente Hercule terrassant trois lions, ainsi que le rapporte Élien, et l'autre, Hercule entre le Vice et la Vertu.— Un marbre antique représente Hercule, encore enfant, étouffant les serpents, et une collection de médailles et de camées, anciens et modernes, rappelle ses travaux.

En entrant on voit douze dessins par J. Wicard, d'après les plus grands maîtres de l'Italie.

Tableaux.

A gauche, en entrant.

Van Dyck (d'après). — Portrait de Charles Ier.
Guerchin (le). — L'Architecture et la Peinture.
G. Jordaens. — Silène ivre et ses compagnons.

Kobel. — Trois Vaches dans un pâturage.
C. Van Spaendonck (d'après). — Tableau de fleurs par madame E. Panckoucke, sur peau vélin.

Taunay. — L'Enfant prodigue.
Gudin (d'après). — Deux marines par M. Panckoucke.
Deroy de Bruxelles. — Paysage hollandais, Bergers, Vaches et Moutons.
Both (Martin). — Un Marché, ruines, personnages en costumes orientaux, et animaux divers.
Lepicier. — Un jeune Étudiant avec ses cahiers d'étude sous le bras.
Omeganck (d'après). — Vaches et Moutons; Villageois dansant au son d'une cornemuse en gardant un troupeau de gros et menu bétail.
Carrache (d'après). — Triomphe de Bacchus et d'Érygone.
Riberra. — Michel-Ange aveugle s'occupant de sculpture.
Riquier. — Cimetière du Père-Lachaise.
Gudin (d'après). — Vue de la jetée de Dieppe.
Van Spaendonck. — Ananas, melon et pêches.
Franck (école des). — Crucifiement, tableaux sur cuivre.
Bouhot. — Intérieur d'église.
Duplessis. — Femme sur un mulet, Vaches et Moutons.
Corrége (d'après). — L'Amour taillant son arc.
Van Brée (d'après). — Une Religieuse, devenue mère, invoque Notre-Dame-de-Charité, par M. C.-L.-F. Panckoucke.
Carl Marate. — L'Automne, Cérès et Bacchus.
Corrége (école du). — Jupiter et Io.
Corrége (école du). — Une Vierge, l'enfant Jésus et trois Anges.
Desportes (François). — Des fleurs dans une carafe de porcelaine verte; mûres, grenades, raisins, figues et pêches.

P. Rubens (d'après). — Trois femmes du tableau du Couronnement de Marie de Médicis.

A droite, en entrant.

Inconnu. — Des chevaux noirs et blancs conduits au marché.
Jouvenet. — Vénus et Adonis partant pour la chasse.
Schwebach. — L'un des plus grands tableaux de ce maître; il représente la bataille du Mont-Thabor en Égypte. Le général Junot, à la tête des guides de Bonaparte, met en fuite les mameluks.
Huc. — Effet de lune et de lumière : tour située au haut d'un rocher; au bas, des Voyageurs.
Madame E. Panckoucke. — Bouquet de roses.
Garneray. — Une marine par un temps calme.
Guide (d'après le). — David contemplant la tête de Goliath qu'il vient de frapper de sa fronde.
Poussin (attribué au). — Une Sainte famille, Jésus et saint Jean.
Krayer (élève de Rubens). — Un Triomphe d'Amphitrite. Dans les tableaux les plus célèbres de ce grand maître, les principaux attributs et les animaux ont été peints par Krayer.
J. Vernet (d'après). — Deux tableaux : Effet de brouillard, Effet de clair de lune.
Inconnu. — Campagne de Rome, tombeau de Néron.
Taunay (d'après). — Paysage, et au devant le sujet des Oies du frère Philippe, copie par M. C.-L.-F. Panckoucke.
Schwebach. — Charrette à quatre chevaux sur une grande route.
Inconnu. — Vue d'Amsterdam.
Pillement. — Deux tableaux : Chèvres et Moutons.

Boll. — Un Guerrier.

Robert Hubert). — Incendie de l'Hôtel-Dieu (1778).

Van Helst. — Tableau de chasse, Perdrix, Oie, Lièvre, Bécasse.

Mattay. — Une Paysanne avec un chapeau de paille, tenant dans ses mains des pigeons.

— Un Mercure tenant son caducée.

Pérugin. — Une Vierge couronnée tenant un livre et une plume. Ce tableau, dont l'authenticité n'est pas douteuse, a été reconnu par M. Georges, appréciateur des tableaux du Louvre, pour un des bons tableaux de ce maître de Raphaël.

André Delsarte. — Une Vierge, l'enfant Jésus et saint Jean ; derrière la Vierge, deux Anges portant des lis.

Rembrandt (genre de). — Portrait d'homme coiffé d'un turban.

PLAFOND.

1ʳᵉ TRAVÉE.

Rubens et C. Jordaens. — Un Satyre, une Nymphe et trois Tigres jouant avec des enfants. Les figures sont probablement de Rubens.

Natoire. — Une Naïade épanchant son urne ; Bacchus, Ariane et Silène.

2ᵉ TRAVÉE.

Lesueur — Deux tableaux octogones ; la Vérité tenant un miroir et un serpent ; — la Justice appuyée sur une hache de licteur et tenant ses balances.

— Jésus entouré d'Anges, apparaissant aux saintes femmes et à ses apôtres.

3ᵉ TRAVÉE.

Vouët (genre de Simon). — Ascension de Jésus-Christ.

Lesueur (école de). — Une Déesse assise sur un nuage, offrant une couronne.

Marbre.

Psyché tenant un papillon, d'après Canova. Sur le piédestal, le grand modèle en bronze de la médaille des Classiques latins, gravé par M. Barre.

Dix-sept bustes antiques rapportés de Rome par M. Panckoucke.

Guichard. 1830. — Buste de M. C.-L.-F. Panckoucke et de son fils M. Ernest Panckoucke.

PARLOIR.

(Voir la Notice imprimée des Vases et Coupes grecs.)

Première Fenêtre. — Dix-huit vitraux variés : Armoiries, Crucifiement, Saint Pierre, etc., 1570.

Deuxième Fenêtre.—Deux vitraux d'armoiries; les Iconoclastes avec une inscription en vieil hollandais, 1612. Le pourtour avec ornements de la Renaissance. — Un Saint recevant l'empreinte des cinq plaies de Jésus-Christ, 1645. — Un vitrail ovale : des Religieuses réunies et en prière, montent au ciel au moyen d'une échelle. — Vitrail ovale : l'Hiver personnifié sous les traits d'Éole qui ôte le mors aux Vents; au fond : Paysage, tempête et patineurs.

Sur la TABLE : Un fakir en ébène, seize divinités indiennes, médailles représentant les principaux souverains de l'Inde.

Tableaux.

Au-dessus de la porte :

Robert.—Voûte sur les bords d'un fleuve, effet de soleil.

David (d'après). — Portrait du pape Pie VII.

Tanneur. — Deux bâtiments en chantier.

Madame E. Panckoucke. — Bouquet de quatre fleurs (aquarelles).

Madame E. Panckoucke. — Deux roses et boutons dans un verre de cristal, sur une table de marbre.

Primatice. — Les trois Grâces entourées de cinq Amours.

Muzian. — Sainte famille.

Cubell (Vander).— Une marine, plusieurs barques et bâtiments avec des pavillons hollandais.

Lebrun. — Bataille de Constantin (aquarelle).
M. Winants (A. de Bruxelles). — Vue de la Haye et de son canal.
Vernet (école de). — Port de mer, fanal et tempête.
Bradel (genre de). — Un camp au milieu d'une ville en ruine.
Guœspre (genre de).—Paysage et port de mer.

Au fond de la pièce :

Oudry. — Un chien saisissant un canard.
Robert. — Deux tableaux ronds, rochers, pont et cascades.
Chardin. — Un jeune homme à une fenêtre.
Fra Bartholomeo. —Un Ange volant, tenant une corbeille de fleurs.
—Un Ange tenant une épée. Ces deux tableaux

ont été signalés par M. Georges comme deux ouvrages remarquables de ce grand maître.
Emelinks.—Deux Évangélistes : saint Matthieu et saint Jean.
Corrége. — Adam et Ève fuyant du Paradis.
Taunay (d'après). — Site fermé par des rochers ; un Berger jouant de la flûte ; Vaches et Moutons.
Téniers (d'après). — Hollandais fumant près d'une cheminée.
Inconnu. — Un Curé visitant les ruines d'une église.
Téniers (d'après *David*).—Un Paysage hollandais.
Inconnu. — Une Forêt, deux Vaches et un Veau.

A la gauche de l'armoire à glace :
Inconnu. — Tableau de fleurs.
— Paysage, église, pont, canal en Hollande.
Anc. Maître. — La Vierge et l'enfant Jésus.
Canaletti (école de). — Place Saint-Marc, à Venise, et vue du grand canal.
M. Savary (A.). — Deux Paysages.
Corrége (d'après). — La sainte Madeleine lisant, copie par M. Panckoucke.
Rembrandt (d'après). — Sainte famille dans l'atelier de Joseph, copie par M. Panckoucke.
Paul Véronèse (école de). — La Vierge, l'enfant Jésus, saint Jean et Élisabeth.

Du Chatel (François). — Un seigneur flamand dans un équipage à six chevaux blancs, se promène dans un chemin côtoyant la lisière d'un bois, entouré de personnages à cheval.
Subleyras. — Assomption de la Vierge.
De Marne. — Un Berger, une Bergère et leur fils, au pied d'un arbre, entourés d'une vache, de chèvres, de moutons et d'un chien.
— Une Bergère portant des couronnes ; troupeaux de moutons et de chèvres.
Van Pol. — Quatre roses, blanches et roses.
Brun. — Deux jeunes femmes sur un rocher, trempant leurs pieds dans l'eau.

Brun. — Deux jeunes femmes assises dans l'onde, peignent leur chevelure.

Devéria. — Madame E. Panckoucke couchée sur un canapé, et relevant d'une longue maladie.

PLAFOND.

Inconnu. — Pallas, armée de la foudre et couverte de son bouclier, poursuivant les mauvais génies. — Tableau de la galerie du Cardinal Fesch.

Rubens (d'après).—Deux portraits de femmes.

Lagrenée (1er coin). — L'Étude lisant appuyée sur une table; auprès d'elle sont un coq et une sphère.

Idem. (2e coin). — Polymnie, dans un nuage, tenant une lyre et une trompette.

Idem. (3e coin). —Clio, dans un nuage, écrit; l'Histoire est appuyée sur le Temps.

Boucher (école de) (4e coin). — Vénus et l'Amour.

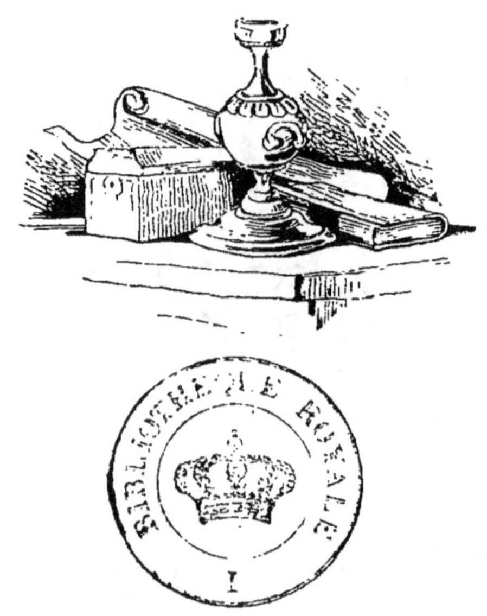